PASTA N°1

UMSCHAU

Inhalt

6 Wir lieben Pasta!

10 La Strada

68 La Piazza

140 Il Lido

186 Nudelkunde

198 Die Köche

200 Rezeptverzeichnisse

Wir lieben Pasta!

Wolfgang Ponier
Fabian Marte
Helmut Feuerlein
Michael Ritter

Fabian
Piacelli
Helmut Feuerlein
Piacelli
Michael Ritter

Essen ist Kommunikation auf anderen Wegen.

Die Küche war früher der Mittelpunkt des Hauses und der Familie. Es roch gut, es war gemütlich warm und es war immer jemand anzutreffen. Hier wurden Ereignisse eingeordnet oder neue Pläne geschmiedet, es wurde gestritten und sich über einer guten Mahlzeit, oder spätestens danach, wieder vertragen. Essen gleicht aus, es befriedet hitzige Gemüter und weckt müde Geister. Und wenn es miteinander schmeckt, redet es sich leicht über die diesjährige Tomatensaison, die Kirschen in Nachbars Garten oder das gute Bratenfleisch vom Bauernhof im nächsten Dorf.

In Italien ist das heute noch so, die gemeinsame Mahlzeit hat einen hohen Stellenwert. Für viele ist es die wichtigste Zeit am Tag, zu der sich die Familie trifft und gemeinsam genießt. Da können wir uns einiges abschauen. Für den Anfang braucht es dazu nicht mehr als ein Glas Rotwein und etwas gehobelten Parmesan.

– Fabian Marte –

Ich stelle das Grundprodukt in den Mittelpunkt.

Gute Produkte sollen wie ein guter Wein nach der Region schmecken, aus der sie kommen. Sie spiegeln die typischen Charakteristika wie das Klima, den Boden und die Anbaumethode. Diese Vielschichtigkeit macht ein Produkt aus, daher kann man seine Herstellung nicht ohne Weiteres von einer Gegend in eine andere verlagern, denn es nimmt dort andere Eigenschaften an. Ich bevorzuge deshalb die heimischen Sorten einer Region, die eine lange Anbautradition haben.

In Italien gibt es noch viele echte ländliche Erzeugnisse in Gegenden mit gelebter Tradition. Man besinnt sich wieder auf die alten Anbaumethoden und die alten Sorten. Und die Erfahrung, wie die Dinge richtig wachsen, wird noch von den Alten an die Jungen weitergegeben. Hier finden sich viele ursprüngliche Produkte, die ihren Charakter bewahrt haben.

– Helmut Feuerlein –

Wir brauchen eine Rückbesinnung auf das erlernte Handwerk und die Bewahrung alter Rezepte.

Das wichtigste Handwerkszeug sind meine Hände. Wenn ich Lebensmittel bewusst spüre und öfter zum Messer als zur Küchenmaschine greife, entsteht eine besondere Nähe dazu. Und wenn ich den Hersteller eines Produktes kenne und dieser weiß, was seinen Pflanzen und Tieren gut tut, dann ist das auch eine Art von Nähe. Jedes Mal, wenn ich das Produkt zubereite, lerne ich mehr über seine geschmacklichen Möglichkeiten und seine Wirkung in einer Speise und im Körper. Die ursprünglichen alten Rezepte sind genau aus dem Wissen entstanden, das durch den innigen und täglichen Umgang mit Essen erwächst.

Wenn in Italien beim Generationenwechsel eine Mutter das Zepter an die Tochter weitergibt, bekommt sie als höchste Auszeichnung und Ehre die alten Familienrezepte weitergereicht. Beim gemeinsamen Kochen erlernt sich das richtige Handwerk dann fast wie von allein. So soll es sein.

– Wolfgang Ponier –

Ich will mit wenigen Mitteln viel erreichen!

Vor Natur und den Nahrungsmitteln, die aus ihr entspringen, habe ich großen Respekt. Deshalb lasse ich in meinen Gerichten den Naturgeschmack sprechen. Ich gebe wenigen Produkten viel Raum und nehme möglichst keine strukturellen Veränderungen vor. Das Produkt wird schonend behandelt und kommt in seiner Ursprünglichkeit auf den Teller. Für mich besteht die Herausforderung beim Kochen darin, eine Karotte so optimal zu dämpfen, dass sie perfekt gar ist und allen Geschmack behält, den ihr die Natur geschenkt hat.

In Italien gibt es traditionell ein hohes Bewusstsein für die Güte und die Ursprünglichkeit von Essen, da wird jede Zutat beim Einkauf begutachtet und diskutiert. Die Einfachheit der italienischen Küche liegt mir: Tomaten, Zwiebeln, Kräuter, Pfeffer – mehr braucht es nicht für einen guten Sugo.

– Michael Ritter –

La Strada

Sehnsucht scheucht die Schläfer aus den Betten in den kühlen Morgen. Ab in den Süden. Eben noch am Horizont, türmt sich der Alpenfels vor allen Fensterscheiben, durch berggraue Schatten steigt die Straße an. Ihren höchsten Punkt findet sie auf 1370 Metern über Null, der Passo del Brennero verbindet das Leben und trennt das Wetter zwischen Nord und Süd.

Bella Italia! Sanft schwingt die Autostrada durch Apfelbäume und Weinreben, beides Hinterlassenschaften der Römer, Richtung See der Seen. Ein erster Stopp an der Stazione di Servizio bringt sonnige Wärme, Benzingeruch und bitter, süß, köstlich den ersten Espresso.

Nach der Rast ziehen in der dunstigen Ebene erst Verona, dann Modena vorbei, bis toskanagrüne Hügelkuppen Erfrischung verheißen. Ein schneller Entschluss führt auf gewundenen Wegen mitten in die Ländlichkeit der Weinberge. Ein paar Wolken unter Blau, ein Spalier von Zypressen, dann lädt ein blanker Holztisch vor dem Weingut zur Verkostung eines neuen Jahrgangs ein.

Lasagnette "Aglio e Peperoncino"

Knoblauch, Chili, Petersilie

500 g Lasagnette
3 EL Olivenöl extra vergine
4 Knoblauchzehen
2 Chilischoten
50 g Butter
1/2 Bund Petersilie
Meersalz, Pfeffer aus der Mühle

15 Minuten **leicht**

Die Lasagnette in Salzwasser nach Anleitung kochen.
Das Olivenöl in einem Topf erhitzen.
Den Knoblauch in feine Scheiben schneiden.
Die Chili halbieren, entkernen und fein schneiden.
Knoblauch und Chili kurz scharf anbraten.
Die Butter beifügen und zergehen lassen.
Mit den Gewürzen und der Petersilie abschmecken.
Die Lasagnette abgießen und in der Pfanne mit der Sauce schwenken.
Anrichten und mit gezupften Petersilienblättern dekorieren.
Sie können den Schärfegrad durch die Menge der verwendeten Chili selbst bestimmen.

Spaghetti "Prezzemolo"

Petersilie, Knoblauch, Zitronenschale

500 g Spaghetti
8 EL Olivenöl extra vergine
2 EL Olivenöl extra vergine mit Zitrone
1 Knoblauchzehe, geschält
1 Bund Petersilie, gezupft
abgeriebene Schale von 1 unbehandelten Zitrone
50 g Butter
Meersalz, Pfeffer aus der Mühle

15 Minuten leicht

Die Spaghetti in Salzwasser nach Anleitung kochen.
Die Öle, den Knoblauch, die Petersilie und die Zitronenschale mit einem Pürierstab gut durchmixen.
Mit den Gewürzen abschmecken und nochmals gut durchmixen.
Butter in einer Pfanne zergehen lassen.
Einen Teil des Nudelwassers beiseitestellen.
Die Spaghetti abgießen und in der Pfanne mit den gemixten Zutaten und etwas Nudelwasser schwenken.
Anrichten und mit Petersilienblättern dekorieren.

Gehobelter Pecorino rundet den Geschmack ab.

Der ehrliche Geschmack von Kräutern ist besser als jedes Gewürz. Die Natur schenkt uns durch sie fertige und unverfälschte Würzstoffe.
– Michael Ritter –

Penne Rigate "Pesto di Prezzemolo e Limone"

Petersilien-Zitronen-Pesto, Knoblauch

500 g Penne Rigate
125 g Petersilie, gezupft
125 ml Olivenöl extra vergine
80 g Parmesan
80 g Pinienkerne
abgeriebene Schale von 1 unbehandelten Zitrone
2 TL Limettensaft
1 Knoblauchzehe, geschält
Meersalz, Pfeffer aus der Mühle

20 Minuten leicht

Die Penne in Salzwasser nach Anleitung kochen. Die restlichen Zutaten mit einem Pürierstab gut miteinander vermixen. Gewürze beifügen und abschmecken. Eine Espressotasse des Nudelwassers beiseitestellen. Die Penne abgießen und in der Pfanne mit dem Pesto und etwas Nudelwasser schwenken. Anrichten und mit frischer Petersilie dekorieren.

Wegen des intensiveren Geschmacks am besten glatte Petersilie verwenden.

Fettuccine "Rucola e Pepe Rosa"

Rucola, rosa Pfeffer, Pecorino

500 g Fettuccine
8 EL Olivenöl extra vergine
2 EL Olivenöl extra vergine mit Zitrone
2 TL zerstampfte rosa Pfefferbeeren
1 Bund Rucola
abgeriebene Schale von 1 unbehandelten Zitrone
50 g Butter
Meersalz, Pfeffer aus der Mühle
geriebener Pecorino

15 Minuten leicht

Die Fettuccine in Salzwasser nach Anleitung kochen.
Die Öle, den rosa Pfeffer, den Rucola und die Zitronenschale mit einem Pürierstab gut durchmixen.
Gewürze beifügen und nochmals durchmixen.
Butter in einer Pfanne zerlassen.
Eine Espressotasse des Nudelwassers beiseitestellen.
Die Fettuccine abgießen und in der Pfanne mit den gemixten Zutaten und etwas Nudelwasser schwenken.
Anrichten und mit Rucolablättern und geriebenem Pecorino garnieren.

Anstelle von Olivenöl extra vergine mit Zitrone eignet sich auch Hasel- oder Walnussöl.

Ditalini Lisci "Pesto di Salvia e Nocciole"

Salbei-Nuss-Pesto

500 g Ditalini Lisci
100 g frischer Salbei
125 ml Olivenöl extra vergine
80 g Parmesan
40 g geröstete Haselnüsse
40 g geröstete Walnüsse
abgeriebene Schale von 1 unbehandelten Zitrone
1 TL Limettensaft
2 TL Honig
1 Knoblauchzehe, geschält
Meersalz, Pfeffer aus der Mühle

20 Minuten leicht

Die Ditalini Lisci in Salzwasser nach Anleitung kochen.
Die restlichen Zutaten mit einem Pürierstab gut miteinander vermixen.
Mit den Gewürzen abschmecken.
Einen kleinen Teil des Nudelwassers beiseitestellen.
Die Ditalini Lisci abgießen und in der Pfanne mit dem Pesto und etwas Nudelwasser schwenken.
Anrichten und mit frischen Salbeiblättern dekorieren.

Besonders aromatisch schmeckt Orangen- oder Limonensalbei.

Minestrone "Incantesimo"

Gemüse, Petersilie, Tomaten

50 g Alfabeto-Nudeln
2 EL Olivenöl extra vergine
1 Gemüsezwiebel, geschält und gewürfelt
1 Knoblauchzehe, geschält und in Scheiben geschnitten
1 Stange Staudensellerie, gewürfelt
2 Karotten, geschält und gewürfelt
1 gelbe Rübe, geschält und gewürfelt
2 EL Tomatenmark
1 l Gemüsebrühe
$^1/_2$ Bund Petersilie, gezupft
Meersalz, Pfeffer aus der Mühle
geriebener Parmesan

30 Minuten mittel
Olivenöl in einem großen Topf erhitzen.
Das Gemüse darin glasig anschwitzen.
Tomatenmark beimengen und kurz mitrösten.
Mit der Gemüsebrühe ablöschen und aufkochen lassen.
Die Kräuter hacken und untermengen.
Für ca. 15 Minuten weiterköcheln lassen.
Die Alfabeto-Nudeln dazugeben und weitere 3 Minuten köcheln lassen.
Mit den Gewürzen abschmecken.
Anrichten und nach Geschmack geriebenen Parmesan darüberstreuen.
Einen angenehm rauchigen Geschmack bekommt die Minestrone, wenn Sie ein wenig Speck mit dem Gemüse anbraten.

Fettuccine "Zucchine"

geröstete Zucchini, frische Tomaten, Petersilie und Zwiebeln

500 g Fettuccine
2 EL Olivenöl extra vergine
2 kleine Zucchini, halbiert und in Scheiben
1/2 Gemüsezwiebel, geschält und gewürfelt
125 g reife Cherrytomaten, in Hälften geschnitten
1/2 Bund Petersilie, gehackt
Meersalz, Pfeffer aus der Mühle
geriebener Parmesan

20 Minuten | leicht

Fettuccine in Salzwasser nach Anleitung kochen.
In einer Pfanne das Olivenöl erhitzen und die Zucchini braun rösten.
Zwiebeln und Tomaten beifügen und alles zusammen nochmals gut durchrösten.
Mit der gehackten Petersilie und den Gewürzen abschmecken.
Die Fettucine abgießen und in der Pfanne mit dem Gemüse durchschwenken.
Anrichten und mit Petersilie und Parmesan garnieren.

Durch Zugabe von etwas Olivenöl extra vergine mit Zitrone schmeckt das Gericht noch frischer.

Penne Rigate "Carciofi e Finocchio"

Artischocken, Fenchel, Zwiebeln, Rosmarin

500 g Penne Rigate
2 EL Olivenöl extra vergine
8 Artischocken geschält (alternativ Artischocken aus dem Glas)
1 Fenchelknolle, in Scheiben geschnitten
1 Gemüsezwiebel, geschält und gewürfelt
1 Knoblauchzehe, in Scheiben geschnitten
4 Rosmarinzweige, gezupft
Meersalz, Pfeffer aus der Mühle
geriebener Parmesan

20 Minuten leicht

Die Penne Rigate in Salzwasser nach Anleitung kochen.
Olivenöl in einer Pfanne erhitzen.
Die rohen Artischocken längs in Scheiben schneiden.
Artischocken, Fenchel, Knoblauch, Zwiebeln und Rosmarin in der Pfanne anbraten.
Die Penne abgießen und in der Pfanne mit dem Gemüse gut durchschwenken.
Mit geriebenem Parmesan und Rosmarin garnieren.

Wenn Sie die frischen Artischocken nicht gleich verarbeiten, legen Sie das Gemüse in Zitronenwasser ein, so behält es die Farbe.

Fusilli "Salsa Fresca"

frische Tomaten, Büffelmozarella, Basilikum

500 g Fusilli
4 EL Olivenöl extra vergine
2 EL Aceto balsamico
Saft von 1 Limette
1 EL Puderzucker
4–6 Strauchtomaten gewürfelt
250 g Büffelmozarella, gewürfelt
1 Bund Basilikum
Meersalz, Pfeffer aus der Mühle

20 Minuten leicht

Die Fusilli in Salzwasser nach Anleitung kochen.
Öl, Essig, Limettensaft, Puderzucker und Gewürze zu einer Vinaigrette verrühren.
Tomaten und Mozzarella mit der Vinaigrette vermengen.
Die Basilikumblätter fein zupfen und unter die Tomaten-Mozzarella-Mischung unterheben.
Die Fusilli abgießen und noch heiß mit der Tomaten-Mozzarella-Vinaigrette mischen und gut durchschwenken.
Anrichten und servieren.

Ein wenig gehackte Minze gibt dem Gericht an heißen Sommertagen einen extra Frische-Kick.

Casarecce "Peperoni Grigliati e Ricotta"

gegrillte Paprika, Knoblauch, Pinienkerne, Ricotta

500 g Casarecce
2 EL Olivenöl extra vergine
3 rote Paprika (alternativ gegrillte Paprika aus dem Glas)
1 Gemüsezwiebel, geschält und gewürfelt
1 Knoblauchzehe, in Scheiben geschnitten
50 g geröstete Pinienkerne
$^1/_2$ Bund Basilikum, gezupft
250 g Ricotta
Meersalz, Pfeffer aus der Mühle

20 Minuten **leicht**

Ganze Paprika im Backofen auf höchster Stufe grillen, bis die Haut sich braun färbt und Blasen wirft.
Herausnehmen und unter einem feuchten Tuch schwitzen lassen.
Die Casarecce in Salzwasser nach Anleitung kochen.
Olivenöl in einer Pfanne erhitzen.
Die Paprika häuten, von den Kernen trennen und in kleine Streifen schneiden.
Paprika, Zwiebeln, Knoblauch und Pinienkerne in der Pfanne anbraten.
Die Casarecce abgießen, in die Pfanne zum Gemüse geben und durchschwenken.
Den gezupften Basilikum untermischen.
Anrichten und mit dem Ricotta garnieren.

Ein Teelöffel geröstetes Paprikapulver intensiviert den Paprikageschmack. Das Pulver nicht selber rösten, das ergibt Bitterstoffe, dieses Gewürz gibt es fertig zu kaufen.

Die beste Paprika hat den kürzesten Weg zum Verbraucher und ist sonnenreif. Gerade die Spitzpaprika entwickelt dann eine besondere Süße, die beim Grillen über Holzkohle noch verdichtet wird.
- Helmut Feuerlein -

Penne Rigate "Patate e Fagioli"

Neue Kartoffeln, Saubohnen, grüne Bohnen

500 g Penne Rigate
4 EL Olivenöl extra vergine
200 g Saubohnen
40 g Ricotta
40 g Parmesan
1 EL Zitronensaft
1 Knoblauchzehe, in Scheiben geschnitten
150 g grüne Bohnen, gekocht
150 g neue oder festkochende Kartoffeln, geschält, in Stifte geschnitten und gekocht
geriebener Parmesan
Meersalz, Pfeffer aus der Mühle

30 Minuten **leicht**

Die Penne Rigate in Salzwasser nach Anleitung kochen.
Die Saubohnen in Salzwasser kochen und anschließend häuten.
Das Öl mit den gekochten Saubohnenkernen, Ricotta, Parmesan, Zitronensaft, Knoblauch und Gewürzen mit Hilfe des Pürierstabs mixen.
Eine Espressotasse des Nudelwassers beiseitestellen.
Die Penne abgießen und kurz mit den grünen Bohnen und Kartoffeln in einer Pfanne mit dem Nudelwasser heiß schwenken.
Anrichten und mit der Saubohnenpaste servieren.
Mit geriebenem Parmesan garnieren.

Wenn Sie die Saubohnen nach dem Kochen in Eiswasser legen, lassen sie sich einfacher schälen.

Tagliatelle "Avocado"

Avocado, Basilikum, Petersilie, Chili, Speck

500 g Tagliatelle
2 Avocados
1/2 Bund Basilikum, gezupft
1/2 Bund Petersilie, gezupft
3 Frühlingszwiebeln
1/2 Chilischote, entkernt
1 EL Zitronensaft
8 Scheiben Speck, gewürfelt
Meersalz, Pfeffer aus der Mühle
geriebener Parmesan

20 Minuten **leicht**

Die Tagliatelle in Salzwasser nach Anleitung kochen. Die Avocado teilen und entkernen. Fruchtfleisch mit einem Löffel herauslösen. Die Avocado mit Kräutern, Zwiebeln, Chili und Zitronensaft mit dem Pürierstab mixen. Mit den Gewürzen abschmecken. Einen kleinen Teil des Nudelwassers beiseitestellen. Die Tagliatelle abgießen und sofort mit der Avocadosalsa und etwas Nudelwasser mischen. Anrichten, gebratenen Speck darübergeben und mit dem geriebenen Parmesan bestreuen.

Durch Zugabe einer Vinaigrette kann dieses Gericht auch kalt als Salat serviert werden.

Penne Rigate "Pomodoro e Rucola"

frische Tomaten, Rucola, Mozzarella, Pinienkerne, Knoblauch

500 g Penne Rigate
2 EL Olivenöl extra vergine
200 g frische Cocktailtomaten, halbiert
50 g geröstete Pinienkerne
1 Knoblauchzehe, in Scheiben geschnitten
100 g Rucola
2 Mozzarella, in Würfel geschnitten
Meersalz, Pfeffer aus der Mühle
geriebener Parmesan

20 Minuten leicht

Die Penne Rigate in Salzwasser nach Anleitung kochen.
Olivenöl in einer Pfanne erhitzen.
Die halbierten Cocktailtomaten, die Pinienkerne und den Knoblauch darin anschwitzen.
Die fertigen Penne abgießen und sofort zu den Tomaten in die Pfanne geben.
Den frischen Rucola und den Mozzarella untermischen.
Anrichten und mit dem geriebenen Parmesan garnieren.

Verwenden Sie zur Abwechslung Büffelmozzarella, der macht das Gericht noch edler!

Die Verwendung von Rucola oder Rauke war bei uns schon in Vergessenheit geraten und wurde erst durch ihren Einsatz in der italienischen Küche wieder in Erinnerung gebracht.
- Wolfgang Ponier -

Spaghetti "Puttanesca"

Tomaten, Sardellen, Kapern, Knoblauch, Chili, Oliven

500 g Spaghetti
2 EL Olivenöl extra vergine
100 g schwarze Oliven ohne Kern, in Scheiben geschnitten
30 g Kapern
50 g Sardellen, klein geschnitten
1 Knoblauchzehe, geschält und gehackt
1 Chilischote, entkernt und gehackt
2 EL Tomatenmark
1 Dose stückige Tomaten
Meersalz, Pfeffer aus der Mühle
geriebener Parmesan

20 Minuten **leicht**

Die Spaghetti in Salzwasser nach Anleitung kochen.
Das Olivenöl in einem Topf erhitzen.
Oliven, Kapern, Sardellen, Knoblauch und Chili scharf anbraten.
Tomatenmark beifügen und kurz mitrösten.
Tomatenstücke dazugeben und mitköcheln lassen.
Die Spaghetti abgießen, mit der Sauce schwenken, dann anrichten.
Nach Belieben mit geriebenem Parmesan bestreuen.

Eine Puttanesca ist wie alle Sugos zum Vorkochen in größeren Mengen geeignet und hält im Weckglas konserviert bis zu einem Jahr. Echt italienisch: Den kalten Sugo mit den heißen Nudel im Topf mischen und sofort servieren.

Tagliatelle "Boscaiola"

Pancetta, Steinpilze, Frühlingszwiebeln, Sahne, Petersilie

500 g Tagliatelle
40 g Butter
8 Streifen Pancetta, gewürfelt
200 g Steinpilze, in Scheiben geschnitten
3 Frühlingszwiebeln, in Scheiben geschnitten
$^1/_8$ l trockener Weißwein
250 g Sahne
1 EL Tomatenmark
$^1/_2$ Bund Petersilie, gehackt
Meersalz, Pfeffer aus der Mühle
geriebener Pamesn

20 Minuten **leicht**

Die Tagliatelle in Salzwasser nach Anleitung kochen.
Die Butter in einem Topf erhitzen.
Pancetta, Steinpilze und Frühlingszwiebeln darin anschwitzen.
Mit Weißwein ablöschen.
Sahne und Tomatenmark beifügen und kurz mitkochen.
Petersilie und Gewürze dem Gericht beifügen.
Die Tagliatelle abgießen und in der Sauce schwenken.
Anrichten und nach belieben mit dem geriebenen Parmesan bestreuen.

Dieses Gericht erhält seine besondere Würze durch den Pancetta, einen luftgetrockneten italienischen Bauchspeck vom Schwein mit Kräutern und Salz. Sein reiches Aroma und sein zarter Biss sind einmalig.

Fettuccine "Pomodoro e Bietola"

Zwiebeln, Tomaten, Mangold

500 g Fettuccine
2 EL Olivenöl extra vergine
1 Gemüsezwiebel, geschält und gewürfelt
150 g Mangoldblätter
2 EL Tomatenmark
1 Dose stückige Tomaten
Meersalz, Pfeffer aus der Mühle
geriebener Parmesan

30 Minuten leicht

Die Fettuccine in Salzwasser nach Anleitung kochen.
Das Olivenöl in einem Topf erhitzen.
Die Zwiebeln und den Mangold darin anschwitzen.
Mit Tomatenmark mischen.
Die Tomatenstücke dazugeben, würzen und köcheln lassen.
Die Fettuccine abgießen, in die Sauce geben und alles gut durchschwenken.
Anrichten und mit etwas geriebenem Parmesan bestreuen.

Verwenden Sie auch den Strunk des Mangoldgemüses, er enthält viele wichtige Vitamine und schmeckt ausgezeichnet.

Casarecce "Diavolo"

Tomaten, Zwiebeln, Sellerie, Chili, Oliven

500 g Casarecce
2 EL Olivenöl extra vergine mit Chili
1 Gemüsezwiebel, geschält und gehackt
1 Bund Stangensellerie, in kleine Stücke geschnitten
150 g schwarze Oliven ohne Kern, in Scheiben geschnitten
1 Knoblauchzehe, geschält und in Scheiben
65 ml trockener Weißwein
2 Dosen stückige Tomaten
2 EL Tomatenmark
$^1/_2$ Bund Thymian
1 Chilischote
Meersalz, Pfeffer aus der Mühle

30 Minuten leicht

Die Casarecce in Salzwasser nach Anleitung kochen.
Das Öl in einem Topf erhitzen.
Die Zwiebeln, die Stangensellerie, die Oliven und den Knoblauch darin anschwitzen.
Mit dem Weißwein ablöschen.
Die Tomatenstücke und das Tomatenmark beifügen und mitköcheln.
Mit dem Thymian, der Chilischote und den Gewürzen abschmecken.
Die Casarecce abgießen und in der Sauce schwenken.
Anrichten und mit Chili und Thymian garnieren.
Ein paar fein geschnittene eingelegte Sardellenfilets in der Sauce runden den scharfen Geschmack harmonisch ab.

Lasagnette "Salsa di Fagioli"

Tomaten, weiße Bohnen, Zwiebeln, Speck, Oregano

500 g Lasagnette
2 EL Olivenöl extra vergine mit Chili
250 g weiße Bohnen aus der Dose
1 Gemüsezwiebel, geschält und gehackt
80 g Bauchspeck, gewürfelt
65 ml trockener Weißwein
2 Dosen stückige Tomaten
2 EL Tomatenmark
8 Oreganozweige
Meersalz, Pfeffer aus der Mühle
geriebener Pecorino

30 Minuten **leicht**

Die Lasagnette in Salzwasser nach Anleitung kochen.
Das Olivenöl in einem Topf erhitzen.
Die Bohnen abgießen und leicht trocknen.
Bohnen, Zwiebeln und Speck scharf anbraten.
Mit dem Weißwein ablöschen.
Die Tomatenstücke und das Tomatenmark beifügen und mitköcheln.
Mit dem Oregano und den Gewürzen abschmecken.
Die Lasagnette abgießen und in der Tomatensauce schwenken.
Mit Oregano und geriebenem Pecorino garniert servieren.
Dieser Sugo eignet sich auch ideal als Belag für Bruschette.

Die einfache Küche hat in Italien eine große Tradition und bietet jedem die Möglichkeit, mit wenigen Mitteln viel zu erreichen.
– Michael Ritter –

Fusillini "Salsa di Cipolle"

Tomaten, Balsamico-Zwiebeln, Thymian, Kapern

500 g Fusillini
2 EL Olivenöl extra vergine mit Chili
1 Glas eingelegte Balsamico-Zwiebeln
10 Kapern
65 ml trockener Weißwein
2 Dosen stückige Tomaten
2 EL Tomatenmark
8 Thymianzweige, gezupft
Meersalz, Pfeffer aus der Mühle

30 Minuten leicht

Die Fusillini in Salzwasser nach Anleitung kochen.
Das Olivenöl in einer Pfanne erhitzen.
Die Zwiebeln abgießen, dabei etwas der Marinade beiseitestellen.
Zwiebeln fein hacken und in einer Pfanne mit den Kapern scharf anbraten.
Mit dem Weißwein ablöschen.
Die Tomatenstücke und das Tomatenmark beifügen und mitköcheln.
Mit dem Thymian, den Gewürzen und einem Schuss der Marinade verfeinern.
Die Fusillini abgießen und in der Tomatensauce schwenken.
Anrichten und mit einem Thymianzweig dekorieren.

Dieser Sugo passt mit oder ohne Pasta ideal zu gegrilltem Fleisch.

Spaghetti "Pomodoro"

Tomaten, Knoblauch, Zwiebeln, Petersilie

500 g Spaghetti
2 EL Olivenöl extra vergine
6 getrocknete, eingelegte Tomaten, gewürfelt
1 Gemüsezwiebel, geschält und gewürfelt
1 Knoblauchzehe, geschält und in Scheiben geschnitten
2 Karotten, geschält und gewürfelt
2 gelbe Rüben, geschält und gewürfelt
1/2 mittelgroße Sellerieknolle, geschält und gewürfelt
2 EL Tomatenmark
320 ml Tomatenpassata
2 Oreganozweige
2 Rosmarinzweige
Meersalz, Pfeffer aus der Mühle, Zucker
geriebener Parmesan

30 Minuten **leicht**

Die Spaghetti in Salzwasser nach Anleitung kochen.
Das Olivenöl in einem Topf erhitzen.
Das gesamte Gemüse in dem Topf anschwitzen.
Tomatenmark beifügen und kurz mitschwitzen.
Tomatenpassata in den Topf geben und köcheln lassen.
Mit den Kräutern und Gewürzen verfeinern und weiterköcheln.
Die fertigen Spaghetti abgießen und mit dem Tomatensugo anrichten.
Mit geriebenem Parmesan bestreuen.

Die ideale Tomate ist meist die Dosentomate, die ausgereift geerntet und sofort verarbeitet wird. Allein eine sonnengereifte fruchtige Freilandtomate können Sie nach dem Hacken wie Tomaten aus der Dose verwenden.

Ganzetti Rigati "Colline"

Speck, Zwiebeln, Pfeffer, Kräuter

500 g Ganzetti Rigati
2 EL Olivenöl extra vergine
50 g Butter
8 Scheiben Speck, gewürfelt
1 Gemüsezwiebel, geschält und gewürfelt
1 Knoblauchzehe, geschält und in Scheiben geschnitten
$^{1}/_{2}$ Bund Petersilie, gehackt
Meersalz, Pfeffer aus der Mühle
Rosmarin

15 Minuten leicht

Die Ganzetti in Salzwasser nach Anleitung kochen.
Das Olivenöl in einem Topf erhitzen.
Die Butter dazugeben und schmelzen lassen.
Speck, Zwiebeln und Knoblauch darin anbraten.
Die Ganzetti abgießen und untermischen.
Mit Gewürzen und gehackter Petersilie abschmecken.
Anrichten und mit Rosmarin dekorieren.

Rühren Sie vor dem Servieren zur Abwechslung zwei frische Eier darunter, so bekommt das Gericht eine wunderbar bodenständige und ländliche Note.

Tagliatelle "Pollo Primavera"

Hähnchen, Zucchini, Frühlingszwiebeln, Chili, Basilikum

500 g Tagliatelle
2 EL Olivenöl extra vergine
250 g Hähnchenbrustfilet, in Streifen geschnitten
1 kleine Zucchini, in Scheiben geschnitten
2 Frühlingszwiebeln, in Scheiben geschnitten
½ Chilischote, entkernt und in feine Streifen geschnitten
4 Basilikumzweige, gezupft
Meersalz, Pfeffer aus der Mühle

15 Minuten leicht

Die Tagliatelle in Salzwasser nach Anleitung kochen.
Das Olivenöl in einem Topf erhitzen.
Die Hähnchenbruststreifen scharf anbraten.
Die Zucchini dazugeben und mitbraten.
Frühlingszwiebeln und Chili hinzufügen.
Die Tagliatelle abgießen und mit den gezupften Basilikumblättern untermischen.

Geben Sie zur Abwechslung geriebenen Pecorino über das Gericht, das gibt eine würzige Note.

Dieses Sommergericht ist typisch für einen Selbstversorgerhof. An einer langen Familientafel unter dem Baum lässt sich gemeinsam über die Früchte der eigenen Arbeit sinnieren.

- Fabian Marte -

Fettuccine "Manzo e Rucola"

Rind, Rucola, Chili

500 g Fettuccine
2 EL Olivenöl extra vergine
250 g Rinderfilet von der Spitze, in Streifen geschnitten
150 g Rucola
1 Frühlingszwiebel, in Streifen geschnitten
1/2 Chilischote, entkernt und in feine Streifen geschnitten
Meersalz, Pfeffer aus der Mühle

15 Minuten leicht

Die Fettuccine in Salzwasser nach Anleitung kochen.
Das Olivenöl in einer Pfanne erhitzen.
Die Rinderfiletstreifen darin scharf anbraten.
Rucola und Frühlingszwiebeln dazugeben und kurz mitbraten.
Mit den Gewürzen und der Chili verfeinern.
Die Fettuccine abgießen, in die Pfanne geben und alles gut durchschwenken.
Anrichten und mit Rucola oder einer Chilischote dekorieren.

Sie können bei diesem Gericht das Rinderfilet durch jegliches andere Fleisch ersetzen.

Penne Rigate "Amatriciana"

Tomaten, Zwiebeln, Speck, Petersilie

500 g Penne Rigate
2 EL Olivenöl extra vergine
1 Gemüsezwiebel, geschält und gewürfelt
200 g Speck, in Streifen geschnitten
40 g Butter
4 frische, reife Tomaten, gewürfelt (alternativ 1 Dose stückige Tomaten)
1/2 Bund Petersilie, gehackt
1 Knoblauchzehe, geschält und in Scheiben geschnitten
Meersalz, Pfeffer aus der Mühle
geriebener Parmesan

15 Minuten leicht

Die Penne Rigate in Salzwasser nach Anleitung kochen.
Olivenöl in einer Pfanne erhitzen.
Zwiebeln und Speck darin anbraten.
Butter beimengen und zergehen lassen.
Tomatenwürfel oder -stücke beigeben und mitköcheln.
Petersilie und Knoblauch dazugeben und köcheln lassen.
Mit den Gewürzen abschmecken.
Die Penne abgießen, in die Pfanne geben und gut durchmischen.
Anrichten und mit Petersilie und Parmesan garnieren.

Wenn Sie es gerne deftiger mögen, verwenden Sie einen Speck mit rauchigerem Aroma. Original italienisch wird es mit Guanciale, einem Speck aus dem Schweinenacken oder der Backe.

La Piazza

Hitze steht auf den Dächern der Stadt, doch in die Ruhe der schmalen Gassen fällt kaum ein heller Strahl. Absätze klappern hinaus auf die Steinplatten der sonnenwarmen Piazza und scheuchen ein paar Tauben auf, die sich mit aufgeregtem Flattern vor dem Museum niederlassen. Mit abblätternden Mauern schützt es alte Schönheit in Stein und Öl vor Vergänglichkeit.

Das weckt den Appetit. Es wandern Blick und müde Beine zu den Trattorias und Cafeterias, die Pausenhungrige mit eisbeschlagenen Gläsern und frischer Pasta unter ihre schattigen Markisen locken. Buon appetito!

Gleich neben der Kirche ist **Markttag**. Zwischen den Ständen drängt sich kühle Eleganz neben ländlicher Resolutheit, man schlendert, kauft ein, verhandelt in wortgewaltigem Stakkato. Nur wenige Schritte weiter preisen die kleinen Läden unter den Arkaden ihre Spezialitäten in handgeschriebenen Schildern an. Da streiten sich in aller Stille Aceto di Balsamico aus der Emilia-Romagna, Pesto alla Genovese aus der Lombardei und Trüffel aus dem Piemont um die Gunst der Kunden.

Fettuccine "Rustico"

Rote Zwiebeln, Speck, Petersilie

500 g Fettuccine
2 EL Olivenöl extra vergine
50 g Butter
1 rote Zwiebel, geschält und in Scheiben geschnitten
4 Scheiben Speck, gewürfelt
$^1/_2$ Bund Petersilie, gehackt
Meersalz, Pfeffer aus der Mühle
geriebener Parmesan

20 Minuten **leicht**

Fettuccine in gesalzenem Wasser nach Anleitung kochen.
Öl in einer Pfanne erhitzen.
Butter dazugeben und zerlassen.
Die Zwiebeln und den Speck darin anbraten.
Die Fettucine abgießen, in die Pfanne geben und alles durchschwenken.
Mit den Gewürzen abschmecken.
Anrichten und mit geriebenem Parmesan bestreuen.

Ein paar Tropfen alter Aceto balsamico unterstreichen die süße Note der Zwiebel. In jedem Fall ist die Pasta ein idealer Begleiter zu einem schönen Stück gebratenen Rinderfilet.

Fettuccine "Affumicato"

Haselnuss-Rucola-Pesto, getrocknete Tomaten, geräuchertes Hähnchen

500 g Fettuccine
120 g geröstete Haselnüsse
50 g Parmesan, gehackt
75 ml Olivenöl extra vergine
100 g Rucola
etwas geriebene Zitronenschale
200 g geräucherte Hähnchenbrust, in feine Streifen geschnitten
150 g getrocknete Tomaten, in kleine Stücke geschnitten
Meersalz, Pfeffer aus der Mühle
geriebener Pamesan

30 Minuten mittel

Fettuccine in Salzwasser nach Anleitung kochen.
Haselnüsse, Parmesan, Olivenöl, Rucola, Gewürze und die geriebene Zitronenschale mit dem Pürierstab zu einem Pesto vermixen.
Die Hähnchenbrust mit den getrockneten Tomaten in einer Pfanne anbraten.
Die Nudeln abgießen, mit in die Pfanne geben und mit dem Pesto und einer Kelle Nudelwasser mischen.
Anrichten und mit Rucola und Parmesan dekorieren.
Mögen Sie es gerne etwas schärfer? Dann träufeln Sie ein wenig Olivenöl extra vergine mit Chili über das fertige Gericht.

Casarecce "Rucola e Limone"

Zitrone, Rucola, Pecorino

500 g Casarecce
2 EL Olivenöl extra vergine
abgeriebene Schale von 1 unbehandelten Zitrone
150 g Rucola
65 ml Weißwein
50 g Butter
50 g Pecorino, in kleine Stücke gebrochen
Meersalz, Pfeffer aus der Mühle

15 Minuten leicht

Die Casarecce in Salzwasser nach Anleitung kochen.
Das Öl in einer Pfanne erhitzen.
Zitronenschale und Rucola darin kurz anschwitzen.
Mit Weißwein ablöschen und die Butter dazugeben.
Die Casarecce abgießen und zusammen mit den Pecorinostücken unterheben.
Mit den Gewürzen abschmecken und anrichten.

Etwas Olivenöl extra vergine mit Zitrone über die fertige Pasta geträufelt erhöht den Frischefaktor!

Ciuffi d'angelo "Tartufo"

Trüffel, Weißwein, Sahne

500 g Ciuffi d'angelo
2 EL Olivenöl extra vergine mit Trüffel
30 g Butter
½ Gemüsezwiebel, geschält und gewürfelt
150 g Sahne
80 ml Weißwein
ca. 30 g schwarze Sommertrüffel
Meersalz, Pfeffer aus der Mühle

15 Minuten **leicht**

Die Ciuffi d'angelo in Salzwasser nach Anleitung kochen.
Das Olivenöl extra vergine mit Trüffel in einem Topf erhitzen.
Butter beimengen und zergehen lassen.
Die Zwiebelwürfel darin glasig anschwitzen.
Mit Sahne und Weißwein ablöschen und köcheln lassen.
Die Nudeln abgießen und durch die Sauce schwenken.
Mit den Gewürzen abschmecken.
Auf einem Teller anrichten und die Trüffel frisch darüberhobeln.

Die Sauce bekommt noch mehr Aroma, wenn Sie einen Teil der Sahne mit einem Eigelb mischen und diese Legierung unter die Sahnesauce rühren.

Lasagnette "Burro di Salvia"

Salbei, Butter, Parmesan

500 g Lasagnette
250 ml Olivenöl extra vergine
1 Bund Salbeiblätter
2 EL Olivenöl extra vergine mit Zitrone
50 g Butter
abgeriebene Schale von 1 unbehandelten Zitrone
2 TL zerstampfte rosa Pfefferbeeren
Meersalz, Pfeffer aus der Mühle
geriebener Parmesan

15 Minuten leicht

Die Lasagnette in Salzwasser nach Anleitung kochen.
Das Olivenöl in einem Topf erhitzen, ein Drittel der Salbeiblätter darin kurz frittieren, herausheben und beiseitestellen.
Das Olivenöl extra vergine mit Zitrone in einer Pfanne mit der Butter erhitzen.
Die Zitronenschale und die Gewürze beifügen.
Die restlichen Salbeiblätter zugeben und kurz mitrösten.
Die Lasagnette abgießen, in die Pfanne geben und alles gut durchschwenken.
Anrichten und mit dem frittiertem Salbei und Parmesan dekorieren.

Sie können den Salbei auch durch andere frische Kräuter ersetzen.

Fusilli “Pesto di Rosmarino”

Rosmarin-Pesto

500 g Fusilli
10 Rosmarinzweige
$^1/_2$ Bund Petersilie
125 ml Olivenöl extra vergine
80 g Parmesan
40 g geröstete Haselnüsse
40 g geröstete Pinienkerne
abgeriebene Schale von 1 unbehandelten Zitrone
1 TL Limettensaft
2 TL Honig
1 Knoblauchzehe, geschält
Meersalz, Pfeffer aus der Mühle

15 Minuten leicht

Die Fusilli in Salzwasser nach Anleitung kochen.
Den Rosmarin von den Zweigen ablösen und fein hacken.
Mit den restlichen Zutaten mit einem Pürierstab durchmixen.
Einen kleinen Teil des Nudelwassers beiseitestellen.
Die Fusilli abgießen und mit dem Pesto in der Pfanne schwenken.
Anrichten und mit frischem Rosmarin dekorieren.

Dieses Pesto können Sie auch zu Antipasti oder Käse als Beilage servieren.

Casarecce "Pesto di Basilico e Peperoncino"

Basilikum-Chili-Pesto

500 g Casarecce
200 g Basilikum
$^1/_2$ Bund Petersilie
125 ml Olivenöl extra vergine
1 EL Olivenöl extra vergine mit Chili
80 g Parmesan
80 g geröstete Pinienkerne
1 Chilischote, geteilt und entkernt
1 TL Limettensaft
2 TL Honig
1 Knoblauchzehe
Meersalz, Pfeffer aus der Mühle

20 Minuten **leicht**

Die Casarecce in Salzwasser nach Anleitung kochen.
Den Basilikum von den Zweigen ablösen.
Mit den restlichen Zutaten mit einem Pürierstab gut durchmixen.
Einen kleinen Teil des Nudelwassers beiseitestellen.
Die Penne Casarecce abgießen und in der Pfanne mit dem Pesto und etwas Nudelwasser schwenken.
Anrichten und nach Belieben mit frischer Chili dekorieren.

Dieses Pesto bringt auch jeden Tomaten-Mozzarella-Salat zum Glühen!

Penne Rigate "Pesto di Origano e Pecorino"

Oregano-Schafskäse-Pesto

500 g Penne Rigate
10 Oreganozweige
1/2 Bund Petersilie
125 ml Olivenöl extra vergine
80 g Pecorino, zerkleinert
40 g geröstete Haselnüsse
40 g geröstete Pinienkerne
abgeriebene Schale von 1 unbehandelten Zitrone
1 TL Limettensaft
2 TL Honig
1 Knoblauchzehe, geschält
Meersalz, Pfeffer aus der Mühle

20 Minuten **leicht**

Die Penne Rigate in Salzwasser nach Anleitung kochen.
Den Oregano von den Zweigen ablösen und fein hacken.
Mit den restlichen Zutaten mit einem Pürierstab gut durchmixen.
Eine Espressotasse des Nudelwassers beiseitestellen.
Die Penne Rigate abgießen und in der Pfanne mit dem Pesto und etwas Nudelwasser schwenken.
Anrichten und mit frischem Oregano dekorieren.

Mischen Sie dieses Pesto mit 250 g Quark, so erhalten Sie einen wunderbaren Brotaufstrich!

Jedes Pesto bringt ein Stück italienischen Sommer in den Winter. Die Grundzutaten Kräuter, Nüsse, Käse und Öl bieten dabei unzählige Möglichkeiten.
– Michael Ritter –

Fidelini Corti “Ortica”

Brennnessel, Walnüsse, Ziegenfrischkäse

500 g Fidelini Corti
2 EL Olivenöl extra vergine
2 EL Olivenöl extra vergine mit Zitrone
4 Scheiben Speck, in Streifen geschnitten
1/2 Gemüsezwiebel, geschält und gewürfelt
250 g frische Brennnesselspitzen
50 g Butter
Meersalz, Pfeffer aus der Mühle
250 g Ziegenfrischkäse

30 Minuten   leicht

Die Fidelini Corti in Salzwasser nach Anleitung kochen.
Die Öle in einer Pfanne erhitzen.
Den Speck und die Zwiebeln anschwitzen.
Brennnesselspitzen 3 Minuten bevor die Nudeln gar sind zu den Nudeln geben und mitkochen.
Die Fidelini Corti und die Brennnesselspitzen abgießen.
Die Butter der Pfanne mit Speck und Zwiebeln beifügen und die Fidelini und die Brennnesseln darin schwenken.
Anrichten und mit Ziegenfrischkäse dekorieren.
Mischen Sie ein paar in der Pfanne trocken geröstete Walnusskerne darunter, die sind gesund und unterstützen nochmals den Geschmack.

Casarecce "Pesto alla Genovese"

Basilikumpesto, Kartoffeln, grüne Bohnen

500 g Casarecce
200 g Basilikum
100 g Petersilie
125 ml Olivenöl extra vergine
100 g Parmesan
100 g Pinienkerne
abgeriebene Schale von 1 unbehandelten Zitrone
2 TL Limettensaft
1 Knoblauchzehe, geschält
150 g gekochte Kartoffeln, in Streifen geschnitten
150 g gekochte grüne Bohnen
Meersalz, Pfeffer aus der Mühle

20 Minuten **leicht**

Die Casarecce in Salzwasser nach Anleitung kochen.
Basilikumblätter von den Zweigen ablösen.
Mit den restlichen Zutaten mit einem Pürierstab gut durchmixen.
Eine Espressotasse des Nudelwassers beiseitestellen.
Die Casarecce abgießen und in der Pfanne mit dem Pesto, den Kartoffeln, den Bohnen und etwas Nudelwasser heiß schwenken.

Stellen Sie das Pesto in größeren Mengen her und frieren Sie es in kleinen Gläsern ein. Im Tiefkühler behält es bis zu einem Jahr lang seinen Geschmack.

PANE
ARTIGIANALE
LIEVITAZIONE
NATURALE

Cannelloni "Spinaci e Ricotta"

frischer Spinat, Tomaten, Ricotta, Parmesan, Kräuter

500 g Cannelloni
50 g Butter
$^1/_2$ Gemüsezwiebel, geschält und gewürfelt
50 g Mehl
125 ml trockener Weißwein
250 ml Milch
50 g geriebener Parmesan
500 g frischer, junger Blattspinat
8 Scheiben Bauchspeck
250 g Ricotta
Meersalz, Pfeffer aus der Mühle

45 Minuten mittel

Den Backofen auf 180 °C Grad Umluft vorheizen.
Die Butter in einem Topf erhitzen.
Die Zwiebeln darin glasig anschwitzen.
Mit Mehl bestäuben und kurz gut durchrühren.
Mit Weißwein ablöschen und köcheln lassen.
Die Milch beimengen und unter ständigem Rühren aufkochen.
Den Parmesan und die Gewürze unterrühren.
Den Spinat in die Sauce geben und kurz mitköcheln lassen.
Die Cannelloni portionsweise in der Auflaufform aufstellen und mit dem Speck umwickeln.
Abwechselnd mit der Spinatsauce und dem Ricotta befüllen.
Parmesan darüberstreuen und im dem vorgeheizten Backofen für 30 Minuten backen.
Fixieren Sie den Speckmantel mit einem Holzspießchen, damit alles gut hält.

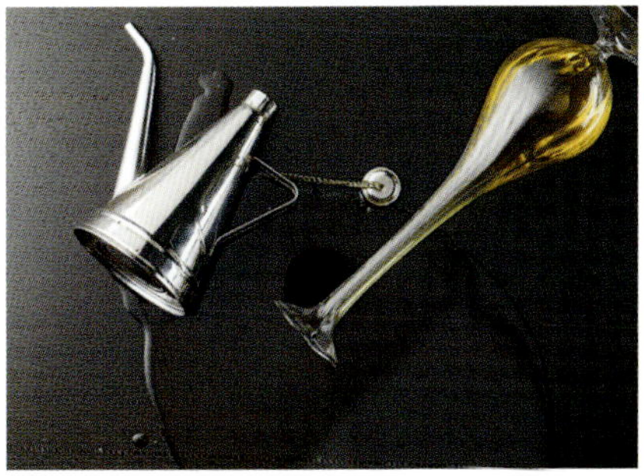

Spaghetti “Pomodoro e Caprino”

Tomaten, Zwiebeln, Kräuter, frischer Ziegenkäse

500 g Spaghetti
2 EL Olivenöl extra vergine
1 Gemüsezwiebel, geschält und gehackt
125 ml trockener Weißwein
1 Frühlingszwiebel, in Streifen geschnitten
1 Knoblauchzehe, geschält und in Scheiben
1 Bund frischer Basilikum
2 Dosen stückige Tomaten
2 EL Tomatenmark
Meersalz, Pfeffer aus der Mühle
250 g Ziegenfrischkäse

20 Minuten **leicht**

Die Spaghetti in Salzwasser nach Anleitung kochen.
Das Olivenöl in einem Topf erhitzen.
Die Zwiebeln darin anschwitzen und mit Weißwein ablöschen.
Frühlingszwiebeln, Knoblauch und Kräuter beifügen und köcheln lassen.
Die Tomatenstücke und das Tomatenmark einrühren und mitköcheln.
Mit den Gewürzen abschmecken.
Die Spaghetti abgießen und in der Tomatensauce durchschwenken.
Anrichten und mit frischem Ziegenkäse und Basilikum dekorieren.
Sollten Sie keinen Ziegenkäse mögen, können Sie stattdessen Ricotta verwenden.

Sonne, Seeluft und der Vulkanboden des Vesuv machen die San Marzano Tomate unvergleichlich aromatisch. Weil ihr Aroma keinerlei Transport verträgt, isst man sie weltweit aus der Dose.
– Helmut Feuerlein–

Lasagne "Verdure"

Aubergine, Zucchini, Karotten, Sellerie

500 g Lasagneblätter
2 EL Olivenöl extra vergine
6 getrocknete, eingelegte Tomaten, gewürfelt
1 Gemüsezwiebel, geschält und gewürfelt
2 Karotten, geschält und gewürfelt
½ Sellerieknolle, geschält und gewürfelt
1 Knoblauchzehe, geschält und in Scheiben geschnitten
2 EL Tomatenmark
125 ml Rotwein
2 Dosen stückige Tomaten
½ Bund Petersilie, gehackt
2 Oreganozweige
2 Rosmarinzweige
½ Chilischote, entkernt
2 Zucchini, längs in Streifen geschnitten
2 Auberginen, längs in Scheiben geschnitten
250 g Ricotta
Meersalz, Pfeffer aus der Mühle
geriebener Parmesan

8 Personen 60 Minuten mittel

Backofen auf 190 °C Umluft vorheizen.
Das Olivenöl in einem Topf erhitzen.
Getrocknete Tomaten, Zwiebeln, Karotten und Sellerie mit dem Knoblauch scharf anbraten.
Tomatenmark beifügen und kurz mitschwitzen.
Mit Rotwein ablöschen und aufkochen.
Tomatenstücke in den Topf geben und köcheln lassen.
Mit den Kräuterzweigen, der Chili und den Gewürzen verfeinern und 30 Minuten weiterköcheln.
Die Form für die Lasagne ausbuttern, Kräuterzweige aus dem Sugo nehmen.
Gemüsesugo, Lasagneblätter, Gemüsesugo, Aubergine, Zucchini und Ricotta in dieser Reihenfolge dreimal hineinschichten.
Zum Schluss Gemüsesugo und Ricotta über die Lasagneblätter geben.
Mit geriebenem Parmesan bestreuen und für 30 Minuten in den vorgeheizten Ofen geben.
Herausnehmen und die Lasagne 5 Minuten zum Durchziehen stehen lassen.

Geben Sie etwas Räucherlachs und Crème fraîche zwischen die Lagen, so erhalten Sie ein noch eleganteres Ergebnis.

Tagliatelle “Quattro Formaggi”

Ricotta, Parmesan, Pecorino, Gorgonzola

500 g Tagliatelle
2 EL Olivenöl extra vergine
1 Gemüsezwiebel, geschält und gewürfelt
1 Eigelb
250 g Sahne
125 ml Weißwein
125 g Ricotta
100 g geriebener Parmesan
100 g geriebener Pecorino
Meersalz, Pfeffer aus der Mühle
125 g Gorgonzola Dolce

20 Minuten **leicht**

Die Tagliatelle in Salzwasser nach Anleitung kochen.
Das Olivenöl in einem Topf erhitzen.
Die Zwiebeln darin glasig anschwitzen.
Das Eigelb mit einem Teil der Sahne vermischen und beiseitestellen.
Die restliche Sahne und den Wein in den Topf dazugießen.
Den Ricotta, den Parmesan und den Pecorino in die Sauce geben und schmelzen lassen.
Die Eigelb-Sahne-Mischung beifügen und kurz köcheln.
Mit den Gewürzen abschmecken.
Die Tagliatelle anrichten, die Käsesauce darübergeben und den Gorgonzola in kleinen Stücken daraufstreuen.

Der Gorgonzola macht sich auch direkt in der Sauce gut. Die Käsesorten können natürlich nach Geschmack und Region variiert werden.

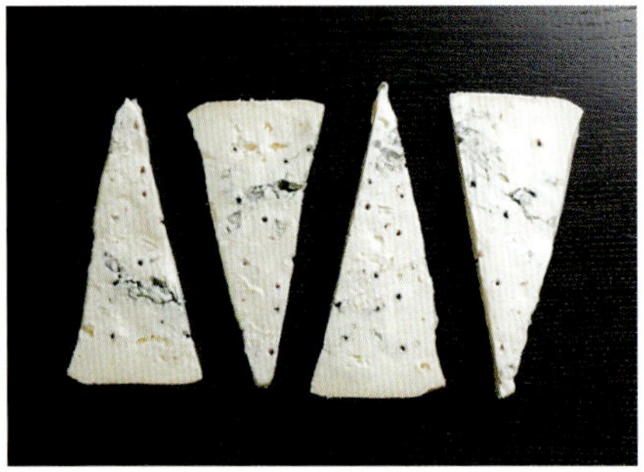

Penne Rigate "Funghi"

Tomaten, Zwiebeln, Pilze, Petersilie

500 g Penne Rigate
2 EL Olivenöl extra vergine mit Trüffel
200 g Champignons
100 g Steinpilze
100 g Piopine (alternativ Pfifferlinge)
1 Gemüsezwiebel, geschält und gehackt
1 Knoblauchzehe, geschält und in Scheiben
65 ml trockener Weißwein
2 Dosen stückige Tomaten
2 EL Tomatenmark
1 Schuss Limettensaft
1/2 Bund Petersilie, gehackt
Meersalz, Pfeffer aus der Mühle, Fenchelsamen

30 Minuten — leicht

Die Penne Rigate in Salzwasser nach Anleitung kochen.
Die Pilze mit einem kleinen Pinsel putzen, Champignons und Steinpilze in Scheiben schneiden.
Das Olivenöl extra vergine mit Trüffel in einem Topf erhitzen.
Pilze, Zwiebeln und Knoblauch scharf anbraten.
Mit dem Weißwein ablöschen.
Die Tomatenstücke, das Tomatenmark und den Limettensaft beifügen und mitköcheln.
Mit der Petersilie und den Gewürzen verfeinern.
Die fertigen Penne in der Sauce schwenken.
Auf einem Teller anrichten, mit gezupften Petersilienblättern dekorieren.
Die Pilze können durch jeden beliebigen Speisepilz ersetzt werden.

Lumache Rigate "Uova Fritte e Pancetta"

Tomaten, Zwiebeln, Speck, Rosmarin, Spiegelei

500 g Lumache Rigate
2 EL Olivenöl extra vergine
1 rote Zwiebel, geschält und gehackt
8 Scheiben Bauchspeck, in Streifen geschnitten
20 g eingelegte Sardellenfilets
65 ml trockener Weißwein
2 Dosen stückige Tomaten
2 EL Tomatenmark
8 Rosmarinzweige
Meersalz, Pfeffer aus der Mühle
4 Eier

30 Minuten leicht

Die Lumache Rigate in Salzwasser nach Anleitung kochen.
Das Olivenöl in einem Topf erhitzen.
Die Zwiebelwürfel, den Speck und die Sardellen anschwitzen.
Mit dem Weißwein ablöschen.
Die Tomatenstücke und das Tomatenmark beifügen und mitköcheln.
Die Hälfte des Rosmarins abzupfen und fein hacken.
Den Sugo mit dem Rosmarin und den Gewürzen abschmecken.
Aus den Eiern Spiegeleier braten.
Die Lumache Rigate abgießen und in der Tomatensauce schwenken.
Auf einem Teller anrichten, das Spiegelei und je einen Rosmarinzweig darauflegen.

Dieses Gericht ist auch ein idealer Begleiter für einen Brunch.

Spaghetti "Bologneseʺ

Fleischsugo, Kräuter, Parmesan

500 g Spaghetti
2 EL Olivenöl extra vergine
400 g gemischtes Hackfleisch
½ Sellerieknolle, geschält und gewürfelt
2 Karotten, geschält und gewürfelt
2 gelbe Rüben, geschält und gewürfelt
6 getrocknete, eingelegte Tomaten, gewürfelt
1 Knoblauchzehe, geschält und in Scheiben
1 Gemüsezwiebel, geschält und gewürfelt
2 EL Tomatenmark
125 ml gerbstoffarmer Rotwein
2 Dosen stückige Tomaten
½ Bund Petersilie, gehackt
2 Oreganozweige
2 Rosmarinzweige
1 Schuss Tomatenketchup
Meersalz, Pfeffer aus der Mühle, Zucker
geriebener Parmesan

40 Minuten (plus 60 Minuten für die Sauce) mittel

Das Olivenöl in einem Topf erhitzen.
Das Hackfleisch darin scharf anbraten.
Zuerst Wurzelgemüse, getrocknete Tomaten und Knoblauch, dann die Zwiebeln beifügen und scharf mitbraten.
Tomatenmark kurz mitschwitzen.
Mit Rotwein ablöschen und aufkochen.
Tomatenstücke in den Topf geben und köcheln lassen.
Mit den Kräuterzweigen, dem Ketchup und den Gewürzen 1 Stunde weiterköcheln lassen.
Die Spaghetti in Salzwasser nach Anleitung kochen.
Die fertigen Spaghetti abgießen und die Bolognese darauf anrichten.
Mit dem geriebenen Parmesan bestreuen.

Wenn die Sauce Bolognese besonders gut gelingen soll, braucht sie als einzige weitere Zutat Zeit. Bis zur zwei Stunden darf sie köcheln. Je mehr Zeit Sie der Sauce lassen, desto mehr Geschmack gibt sie zurück.

Penne Rigate "Arrabbiata"

Tomatensugo, Chili, Kräuter, Parmesan

500 g Penne Rigate
2 EL Olivenöl extra vergine mit Chili
2 Karotten geschält und gewürfelt
2 gelbe Karotten, geschält und gewürfelt
½ Sellerieknolle, geschält und gewürfelt
6 getrocknete, eingelegte Tomaten, gewürfelt
1 Gemüsezwiebel, geschält und gewürfelt
1 Knoblauchzehe, geschält und in Scheiben geschnitten
1 EL Tomatenmark
400 ml Tomatenpassata
½ Bund Petersilie, gehackt
2 Oreganozweige
2 Rosmarinzweige
1 Chilischote, nach Geschmack mehr
Meersalz, Pfeffer aus der Mühle, Zucker
geriebener Parmesan

30 Minuten leicht

Die Penne Rigate in Salzwasser nach Anleitung kochen.
Das Öl in einem Topf erhitzen.
Das Wurzelgemüse mit den getrockneten Tomaten, der Zwiebel und dem Knoblauch darin anbraten.
Tomatenmark beifügen und kurz mitschwitzen.
Tomatenpassata dazugeben und köcheln lassen.
Die Kräuter abzupfen und fein hacken.
Die Sauce mit den Kräutern, der Chilischote und den Gewürzen verfeinern.
Die Penne Rigate abgießen und in der Sauce schwenken.
Anrichten und nach Belieben mit geriebenem Parmesan bestreuen.
Ersetzen Sie den Parmesan durch etwas geräucherten Scamorza, seine pikante Note harmoniert gut mit den kräftigen Aromen der Sauce.

Gegen jahrtausendealte Rezepte ist die *zornige* Pasta mit etwa 400 Jahren noch jung. Ihren Erfindern, den Römern, schmeckte sie auch schon mit scharfen Chilischoten. Vielleicht vor einem Feldzug?
– Wolfgang Ponier –

Penne Rigate "Carbonara"

gerösteter Speck, Zwiebeln, Sahne, Parmesan, Frühlingszwiebeln

500 g Penne Rigate
150 g durchzogener Bauchspeck, in Streifen geschnitten
1/2 Gemüsezwiebel, geschält und gewürfelt
50 g Butter
250 g Sahne
1 Eigelb
65 ml trockener Weißwein
50 g Parmesan, gerieben
1/2 Bund Frühlingszwiebeln, in Scheiben geschnitten

20 Minuten **leicht**

Penne Rigate in Salzwasser nach Anleitung kochen.
In einer Pfanne den Speck anbraten.
Die Zwiebeln beifügen und mitbraten.
Die Butter in die Pfanne geben und zerlassen.
Einen Teil der Sahne in einem kleinen Glas mit dem Eigelb vermischen.
Die Pfanne mit dem Weißwein und der restlichen Sahne ablöschen.
Die Ei-Sahne-Mischung unter die Sauce rühren und leicht köcheln lassen.
Den Parmesan beifügen und gut durchmischen.
Die Penne abgießen, durch die Sauce schwenken und die Frühlingszwiebeln untermischen.
In einem Teller anrichten.

Dieses Gericht steht und fällt mit einer Zutat, dem Bauchspeck. Nur dieser gibt der Carbonara ihren unverwechselbaren Geschmack.

VIA
DI
MONNA AGNESE

Lumache Rigate "Pollo al Limone"

Zitronenhuhn, Stangensellerie, Pfeffer

500 g Lumache Rigate
12 Hähnchenschlegel
1 Bund Stangensellerie
1 Gemüsezwiebel, geschält und gewürfelt
2 Knoblauchzehen im Ganzen mit Schale
2 EL Olivenöl extra vergine
geriebene Schale von 2 unbehandelten Zitronen
Meersalz, Pfeffer aus der Mühle

60 Minuten (plus 60 Minuten Kochzeit für die Sauce) mittel

Den Backofen auf 190 °C mit Ober/Unterhitze vorheizen.
Die Schlegel mit Salz, Pfeffer und mit der Hälfte der Zitronenschale würzen.
Den Stangensellerie in kleine Stücke schneiden, das Grün klein hacken.
Sellerie, Zwiebeln und Knoblauch in einen Bräter geben und mit dem Olivenöl beträufeln
Mit Salz, Pfeffer und dem Rest der Zitronenschale würzen.
Die Schlegel auf das Gemüse legen und im vorgeheizten Ofen 40 Minuten braten.
Die Lumache in Salzwasser nach Anleitung kochen.
Den Bräter aus dem Ofen holen, Schlegel entnehmen.
Die fertigen Lumache abgießen und durch das Gemüse ziehen.
Auf einem Teller anrichten und Hähnchenschlegel dazusetzen.

Legen Sie die Schlegel 1 Tag zuvor in Joghurt ein, so werden Sie noch zarter.

Fettuccine "Salsicce"

Salsicce, Fenchel, Orange

500 g Fettuccine
2 EL Olivenöl extra vergine
16 frische Salsicce aus der Toskana
2 Fenchelknollen, gewürfelt, das Grün beiseitelegen
2 Stangensellerie, gewürfelt
geriebene Schale von 1 unbehandelten Orange
6 Rosmarinzweige
65 ml Weißwein
Meersalz, Pfeffer aus der Mühle

15 Minuten leicht

**Die Fettuccine in Salzwasser nach Anleitung kochen.
Das Olivenöl in einer Pfanne erhitzen.
Die Salsicce, das Gemüse, die Orangenschale und zwei Rosmarinzweige darin anbraten.
Mit Weißwein ablöschen.
Gewürze beifügen und gut umrühren.
Die Fettuccine abgießen, in die Pfanne geben und durchschwenken.
Das Fenchelgrün fein hacken und untermischen.
Anrichten und mit einem Rosmarinzweig garnieren.**

Grillen Sie zur Abwechslung die Salsicce auf einem Holzkohlegrill, so erhalten Sie ein schönes Raucharoma.

Ditalini Lisci "Straccetti"

Rinderfilet, Rucola, Chili, Ziegenfrischkäse

500 g Ditalini Lisci
2 EL Olivenöl extra vergine
$^1/_2$ Gemüsezwiebel, geschält und gewürfelt
1 EL Tomatenmark
1 Dose stückige Tomaten
$^1/_2$ Chilischote, entkernt und in feine Scheiben geschnitten
12 feine Scheiben vom Rinderfilet aus dem Mittelstück
Meersalz, Pfeffer aus der Mühle
150 g Rucola
150 g Ziegenfrischkäse

40 Minuten **mittel**

Die Ditalini Lisci in Salzwasser nach Anleitung kochen.
Das Olivenöl in einem Topf erhitzen.
Zwiebeln darin glasig anschwitzen.
Tomatenmark beifügen und kurz mitschwitzen.
Die Tomatenstücke und den Chili dazugeben, mit den Gewürzen abschmecken und köcheln lassen.
Die Rinderfiletscheiben beidseitig würzen und in einer Pfanne kurz scharf anbraten.
Die Ditalini Lisci abgießen, in der Sauce schwenken und auf einem Teller anrichten.
Die Rinderfiletscheiben fächerartig dazulegen und den frischen Rucola und den Ziegenfrischkäse darauflegen.
Falls die Rinderfiletscheiben schneller fertig sind als die Nudeln und die Sauce, wickeln Sie sie zum Warmhalten in ein Stück Alufolie, so gewinnen Sie Zeit.

Fusillini "Manzo Trevisiano"

Rinderfilet, Radicchio Trevisiano, Saubohnen, Zwiebeln

500 g Fusillini
150 g Saubohnen
2 EL Olivenöl extra vergine
12 Scheiben Rinderfilet von der Spitze
1/2 Gemüsezwiebel, geschält und gewürfelt
1 Kopf Radicchio Trevisiano, in Streifen geschnitten
65 ml Weißwein
125 g Sahne
geriebener Parmesan
Meersalz, Pfeffer aus der Mühle

35 Minuten mittel

Die Fusillini in Salzwasser nach Anleitung kochen.
Die Saubohnen für 3 Minuten in Salzwasser kochen, ins Eiswasser geben und anschließend häuten.
Das Olivenöl in einer Pfanne erhitzen.
Die Rinderfilets darin kurz scharf anbraten, herausnehmen und in Alufolie wickeln.
In der gleichen Pfanne nun die Zwiebeln und den Radicchio anbraten.
Die gehäuteten Saubohnen dazugeben und mitschwitzen.
Mit Weißwein ablöschen und mit der Sahne aufgießen.
Den geriebenen Parmesan und die Gewürze hinzufügen und aufkochen lassen.
Die Fusillini abgießen und unter das Gemüse heben.
Auf einem Teller anrichten und die Rinderfiletscheiben daraufsetzen.

Anstelle des Radicchio Trevisiano können Sie auch den einfachen Radicchio verwenden. Sollten Sie die bittere Note nicht so schätzen, tauschen Sie den Radicchio gegen jungen Blattspinat aus.

Lasagnette "Vitello Tonnato"

Kalbsfilet, Thunfisch, Kapern, Sahne

500 g Lasagnette
2 EL Olivenöl extra vergine
1 Gemüsezwiebel, geschält und gewürfelt
1 Karotte, geschält und gewürfelt
1 gelbe Rübe, geschält und gewürfelt
1 Stangensellerie, gewürfelt
1 Dose Thunfisch in Olivenöl
4 eingelegte Sardellenfilets
12 Kapern
65 ml Weißwein
125 g Sahne
12 Scheiben Kalbsfilet aus dem Mittelstück
Meersalz, Pfeffer aus der Mühle
4 Stängel glatte Petersilie

40 Minuten **mittel**

Die Lasagnette in Salzwasser nach Anleitung kochen.
Das Olivenöl in einem Topf erhitzen.
Die Zwiebeln und das Wurzelgemüse anbraten.
Den Thunfisch abgießen und mit den Sardellenfilets und den Kapern dazugeben und kurz mitbraten.
Mit Weißwein ablöschen, mit der Sahne aufgießen und kurz köcheln lassen.
Die Lasagnette abgießen und daruntermischen.
Die Kalbsfiletscheiben beidseitig würzen und in einer Pfanne scharf anbraten.
Die Lasagnette auf einem Teller anrichten und die Kalbsfiletscheiben darauflegen.
Mit gezupfter Petersilie dekorieren.
Um die Röstaromen des Fleisches zu verstärken, rösten Sie ein paar Pinienkerne und streuen Sie diese über das fertige Gericht.

In Italien spricht man beim Essen gerne über das Essen. Die harmonische, aber ungewöhnliche Kombination von Kalbsfilet und Thunfisch hat anfänglich sicher für Gesprächsstoff gesorgt.
– Fabian Marte –

Spaghetti "Piccata Milanese"

Kalbsschnitzel, Parmesan, Ei, Kräuter, Tomaten

500 g Spaghetti
150 ml Maiskeimöl
2 Eier
40 g Sahne
80 g geriebener Parmesan
100 g Mehl
8 Kalbsschnitzel von der Schale à 60 g
abgeriebene Schale von 1 unbehandelten Zitrone
4 Rosmarinzweige
2 EL Olivenöl extra vergine
1 Gemüsezwiebel, geschält und gewürfelt
1 Knoblauchzehe, geschält und in Scheiben geschnitten
1 EL Tomatenmark
1 Dose stückige Tomaten
8 gezupfte Basilikumblätter
Meersalz, Pfeffer aus der Mühle

35 Minuten **mittel**

Die Spaghetti in Salzwasser nach Anleitung kochen.
Maiskeimöl in einer Pfanne erhitzen.
In einem tiefen Teller die Eier mit Sahne und Parmesan vermengen und mit Salz und Pfeffer würzen.
Schnitzel zuerst mit Mehl bestäuben, dann durch die Parmesan-Ei-Mischung ziehen.
Die Rosmarinzweige in die Pfanne mit dem Öl legen.
Die panierten Schnitzel auf die Rosmarinzweige legen und beidseitig goldbraun ausbacken und in Alufolie verpackt beiseitestellen.
In einem Topf das Olivenöl erhitzen.
Die Zwiebeln und den Knoblauch darin anschwitzen.
Tomatenmark beifügen und kurz mitbraten.
Mit Tomatenstücken mischen und aufkochen.
Basilikumblätter und Gewürze beifügen.
Die Spaghetti abgießen, anrichten und Tomatensauce darüberträufeln.
Piccata fächerartig vor den Spaghetti anrichten.
Als kostenbewusste Variante eignet sich Putenfleisch ganz ausgezeichnet.

Penne Rigate "Maiale"

Schweinefilet, Pecorino, Speck, Rucola

500 g Penne Rigate
2 EL Olivenöl extra vergine
12 Scheiben Schweinefilet à 50 g
1 Gemüsezwiebel, geschält und gewürfelt
8 Scheiben Bauchspeck, gewürfelt
150 g Rucola
65 ml Weißwein
125 g Sahne
40 g geriebener Pecorino
Meersalz, Pfeffer aus der Mühle

30 Minuten mittel
Die Penne Rigate in Salzwasser nach Anleitung kochen.
Das Olivenöl in einer Pfanne erhitzen.
Die Schweinefilets in der Pfanne anbraten und in Alufolie verpackt beiseitestellen.
Die Zwiebeln und den Speck in der Pfanne anbraten.
Rucola dazugeben und kurz mitbraten.
Mit Weißwein ablöschen und mit Sahne aufgießen.
Mit den Gewürzen und dem Pecorino verfeinern.
Die Penne Rigate abgießen und in der Sauce schwenken.
Auf einem Teller anrichten, die gebratenen Schweinefilets darauf platzieren.
Der Geschmack wird noch feiner, wenn Sie das Olivenöl durch Walnussöl ersetzen.

Ditalini Lisci "Saltimbocca"

Kalbsschnitzel, Speck, Salbei, Zitrone

500 g Ditalini Lisci
2 EL Olivenöl extra vergine
12 Kalbsschnitzel aus der Schale à 40 g
12 Salbeiblätter
12 Scheiben Bauchspeck
40 g Butter
2 EL Olivenöl extra vergine mit Zitrone
40 g Mehl
250 ml Milch
abgeriebene Schale von 1 unbehandelten Zitrone
40 g geriebener Parmesan
Meersalz, Pfeffer aus der Mühle

40 Minuten   mittel

Die Ditalini Lisci in Salzwasser nach Anleitung kochen.
Das Olivenöl in einer Pfanne erhitzen.
Die Kalbsschnitzel mit den Salbeiblättern belegen und in Speck einwickeln.
Würzen und in der Pfanne kurz anbraten.
In Alufolie wickeln und beiseitestellen.
Butter und Olivenöl extra vergine mit Zitrone in einem Topf zergehen lassen.
Mit Mehl bestäuben und mit der Milch aufgießen.
Die geriebene Zitronenschale und den Parmesan beimengen, Gewürze beigeben und köcheln lassen.
Die Ditalini Lisci abgießen, in die Sauce geben und durchschwenken.
Anrichten und die Saltimbocca fächerartig davor platzieren.
Verwenden Sie auf keinen Fall Zitronensaft anstelle von Zitronenschale, sonst bricht die Sauce.

Tagliatelle “Lardo e Rosmarino”

Speck, Lauch, Pecorino, Rosmarin

500 g Tagliatelle
2 EL Olivenöl extra vergine
8 Scheiben Speck, gewürfelt
8 Rosmarinzweige
200 g Lauch, in Scheiben geschnitten
65 ml Weißwein
125 g Sahne
40 g geriebener Pecorino
Meersalz, Pfeffer aus der Mühle

25 Minuten **leicht**

Die Tagliatelle in Salzwasser nach Anleitung kochen.
Das Olivenöl in einem Topf erhitzen.
Den Speck, den Lauch und den Rosmarin darin anbraten.
Mit Weißwein ablöschen und mit Sahne aufgießen.
Pecorino und Gewürze unterrühren und köcheln lassen.
Die Tagliatelle abgießen und gut mit der Sauce vermengen.
In einem Teller anrichten und mit einem Rosmarinzweig garnieren.

Ein paar Tropfen Rosmarinöl sind ein wunderbarer Geschmacksverstärker für dieses Gericht. Für Ihr eigenes Öl 500 ml Olivenöl bis deutlich unterhalb des Siedepunktes erwärmen und 4 Rosmarinzweige dazugeben. Erkalten lassen, abseihen und in eine Flasche umfüllen.

Lasagnette "Vitello e Funghi"

Kalbsfilet, Steinpilze, Frühlingszwiebeln, Sahne

500 g Lasagnette
2 EL Olivenöl extra vergine
12 kleine Schnitzel vom Kalbsfilet à ca. 40 g
2 Rosmarinzweige
150 g Steinpilze, mit einem Pinsel geputzt und in Scheiben geschnitten
4 Frühlingszwiebeln, in Scheiben geschnitten
40 ml trockener Wermuth
250 g Sahne
Meersalz, Pfeffer aus der Mühle
40 g geriebener Parmesan

15 Minuten leicht

Die Lasagnette in Salzwasser nach Anleitung kochen.
Das Olivenöl in einer Pfanne erhitzen.
Die Schnitzel mit Salz und Pfeffer würzen und mit dem Rosmarin kurz scharf anbraten.
Herausnehmen, in Alufolie wickeln und ziehen lassen.
Die Steinpilze und die Frühlingszwiebeln in der Pfanne ebenfalls scharf anbraten.
Mit dem Wermuth ablöschen und der Sahne aufgießen.
Kurz aufkochen lassen.
Die Lasagnette abgießen und mit der Sauce mischen.
Auf einem Teller anrichten und die Kalbsschnitzel darauf platzieren.
Beträufeln Sie die Kalbsfilets vor dem Braten mit etwas Olivenöl extra vergine mit Trüffel, so erhalten Sie einen angenehm fein-würzigen Geschmack.

Lasagne "Al Forno"

Sauce Bolognese, Béchamelsauce, Parmesan

500 g Lasagneblätter

Für die Bolognesesauce:
siehe Spaghetti Bolognese Seite 108

Für die Béchamelsauce:
50 g Butter
1 Gemüsezwiebel, geschält und gewürfelt
50 g feines Mehl
125 ml trockener Weißwein
500 ml Milch
125 g Sahne
80 g geriebener Parmesan
Meersalz, Pfeffer aus der Mühle

8 Personen 40 Minuten (plus 90 Minuten Kochzeit für die Sauce) schwer

Backofen auf 190 °C Umluft vorheizen.
Die Sauce Bolognese vom Vortag bereitstellen.
Für die Béchamelsauce die Butter in einem Topf zerlassen.
Zwiebelwürfel darin anschwitzen.
Mit dem Mehl bestäuben und kurz anschwitzen.
Mit Weißwein ablöschen.
Milch und Sahne dazugießen und unter ständigem Rühren aufkochen lassen.
Den Parmesan und die Gewürze beifügen und kurz köcheln lassen.
Die Kräuterzweige aus der Bolognese nehmen, die Form für die Lasagne ausbuttern.
Bolognese, Lasagneblätter, Bolognese und Béchamel in dieser Reihenfolge dreimal hineinschichten.
Zum Schluss Béchamelsauce über die Lasagneblätter geben und mit geriebenem Parmesan bestreuen.
Im vorgeheizten Ofen für 30 Minuten backen.
Herausnehmen und die Lasagne 5 Minuten zum Durchziehen stehen lassen.

Machen Sie beim Einschichten abwechselnd kleine Nester aus Crème fraîche und Pesto. Beim Genuss der Lasagne überraschen diese mit aromatischer Frische.

Ditalini Lisci "Brasato"

Schmorbraten, Wurzelgemüse, Zitrone, Sahne

Für den Schmorbraten:
3 EL Olivenöl extra vergine
2–2,5 kg Rinderschaufelstück
100 g Karotten, geschält und gewürfelt
100 g gelbe Rüben, geschält und gewürfelt
100 g Sellerie, geschält und gewürfelt
100 g Zwiebeln, geschält und gewürfelt
1 l Rotwein
10 Wacholderbeeren
4 Lorbeerblätter
Meersalz, Pfeffer aus der Mühle

Für die Pasta:
500 g Ditalini Lisci
40 g Butter
abgeriebene Schale von 1 unbehandelten Zitrone
1 Gemüsezwiebel, geschält und gewürfelt
65 ml Weißwein
250 g Sahne
40 g geriebener Pecorino
½ Bund Basilikum, in Streifen gechnitten
Meersalz, Pfeffer aus der Mühle

40 Minuten (plus 5 Stunden Niedergarzeit) schwer
Den Backofen auf 150 °C Umluft stellen.
Das Olivenöl in einem Topf erhitzen.
Das Rindfleisch mit Salz und Pfeffer würzen, von allen Seiten scharf anbraten. In Alufolie wickeln und beiseitestellen.
Das Gemüse ebenfalls scharf anbraten und in einen Bräter umfüllen.
Das Rindfleisch auf das Gemüse legen und für 15 Minuten im vorgeheizten Backofen schmoren.
Mit dem Rotwein übergießen, Wacholderbeeren und Lorbeerblätter dazugeben und weitere 15 Minuten schmoren.
Anschließend den Ofen auf 90 °C Ober/Unterhitze stellen und den Braten für weitere 5 Stunden im Backofen ziehen lassen.
Den Bräter dann herausnehmen, den Braten in Alufolie packen und mindestens 2 Stunden im Kühlschrank abkühlen lassen.
Zwischenzeitlich die Bratensauce vom Gemüse trennen, mit Salz und Pfeffer abschmecken und mit eiskalter Butter aufmixen, beiseitestellen.
Die Ditalini Lisci in Salzwasser nach Anleitung kochen.
Butter in einer Pfanne erhitzen, Zitronenschale und Zwiebeln darin glasig anschwitzen. Mit Weißwein ablöschen und der Sahne aufgießen.
Den geriebenen Pecorino und die Gewürze zugeben und köcheln lassen.
Den Basilikum unter die Sauce heben.
Den erkalteten Braten vor dem Anrichten in Scheiben schneiden und mit dem Gemüse in der Bratensauce vorsichtig erhitzen.
Die Ditalini Lisci abgießen und in der Pastasauce schwenken.
Für einen entspannten Ablauf bereiten Sie den Braten idealerweise einen Tag zuvor zu. Eine Gremolata aus Petersilie, Zitronenschale, Knoblauch und Meersalz bringt zusätzliche Frische ins Gericht.

Il Lido

Das Gepäck verschnürt, den sperrigen Sonnenschirm auf dem Dach fliehen alle aus den aufgeheizten Städten. Erst mit Schritttempo, dann immer schneller entschwinden die Häuser aus dem Rückspiegel und durch offene Scheiben trägt der Fahrtwind den Geruch von Tang und Salz, Vorboten einer Küste in waschblau und muschelweiß.

Adria. Hinter Pinien krümmt sich ein weiter Horizont in die Unendlichkeit und mit jedem Kilometer füllt sich seine vermeintliche Leere. Ein Tanker, die Aufbauten wie im Scherenschnitt, zieht träge seine Bahn, Seevögel stürzen durch abfallende Winde, die Wellen kritzeln weiße Striche in den schimmernden Wasserspiegel.

Sonnenumflutete Körper strecken sich auf den bunten Vierecken der Tücher aus, und die nackten Füße der Strandläufer drücken dem schweren Sand zwischen Meer und Festland ihren Stempel auf, bis das Wasser überschäumend schnell die Spuren tilgt. Vor der Strandbar reiht sich eine kleine Warteschlange. Eisig, cremig, frisch – Gelati!

Fettuccine "Gamberi e Peperoncino"

Scampi, Algen, Chili

500 g Fettuccine
2 EL Olivenöl extra vergine
2 EL Olivenöl extra vergine mit Chili
2 Knoblauchzehen, geschält und in Scheiben geschnitten
1/2 Chilischote, entkernt und in feine Scheiben geschnitten
12 große Scampi, geschält und entdarmt
150 g essbare Algen
50 g Butter
Meersalz, Pfeffer aus der Mühle

30 Minuten mittel

Die Fettuccine in Salzwasser nach Anleitung kochen.
Die Öle in einer Pfanne erhitzen.
Den Knoblauch und den Chili darin anbraten.
Die Scampi ebenfalls in der Pfanne scharf anbraten.
Die Algen dazugeben und kurz mitbraten.
Die Butter beifügen und zerlassen.
Mit den Gewürzen und dem Basilikum abschmecken.
Die Fettucine abgießen und durchziehen.
Auf einem Teller anrichten.

Ein idealer Begleiter und Geschmacksverstärker für Pastagerichte ist geklärte Nussbutter. Lassen Sie 150 g Butter mit 2 Rosmarinzweigen köcheln, bis sich die Molke trennt. Die heiße Nussbutter durch ein feines Sieb gießen, um Rückstände aufzufangen. Sie ist bis zu 2 Wochen im Kühlschrank haltbar.

Lasagnette "Menta"

Minze, Scampi, Pinienkerne

500 g Lasagnette
2 EL Olivenöl extra vergine
2 EL Olivenöl extra vergine mit Zitrone
8 Scampi, geschält und entdarmt
1/2 Gemüsezwiebel, geschält und gewürfelt
100 g Pinienkerne
50 g Butter
100 g frische Minze
Meersalz, Pfeffer aus der Mühle

20 Minuten leicht
Die Lasagnette in Salzwasser nach Anleitung kochen.
Die Öle in einer Pfanne erhitzen.
Die Scampi, die Zwiebeln und die Pinienkerne darin anschwitzen.
Butter dazugeben und zergehen lassen.
Die Minze unterheben und kurz mitrösten.
Die Lasagnette abgießen und in der Pfanne schwenken.
Anrichten und mit frischer Minze dekorieren.
Mischen Sie ein paar frische Miesmuscheln oder Venusmuscheln beim Braten darunter, kurz ein Deckel darauf, bis die Muscheln sich öffnen, so wird es noch sommerlicher!

Lasagnette "Timo e Granchio"

Tomaten, Zwiebeln, Thymian, Krebsfleisch

500 g Lasagnette
2 EL Olivenöl extra vergine mit Zitrone
4 Frühlingszwiebeln, in Scheiben geschnitten
250 g Krebsfleisch in Lake, gut abgetropft
1 Bund frischer Thymian
1 Knoblauchzehe, geschält und in Scheiben
65 ml trockener Weißwein
Meersalz, Pfeffer aus der Mühle

20 Minuten leicht

Die Lasagnette in Salzwasser nach Anleitung kochen.
Das Öl in einem Topf erhitzen.
Die Frühlingszwiebeln darin anschwitzen.
Das Krebsfleisch, den Thymian und den Knoblauch beifügen und kurz mitbraten.
Mit Weißwein ablöschen.
Mit den Gewürzen abschmecken.
Die Lasagnette abgießen und in der Pfanne gut durchschwenken.
Auf einem Teller anrichten.

Für ein eigenes Zitronensalz zum Verfeinern von Fischgerichten mischen Sie die geriebene Schale von 2 unbehandelten Zitronenschalen mit 100 g grobem Meersalz und lassen Sie es 1 Tag ziehen. Es ist unbegrenzt haltbar und wird wie Salz verwendet.

Lumache Rigate “Radicchio e Orata”

Dorade, Radicchio, Zwiebeln

500 g Lumache Rigate
2 EL Olivenöl extra vergine
1 Gemüsezwiebel, geschält und gewürfelt
1 Fenchelknolle, in dünne Streifen geschnitten
1 Kopf Radicchio Trevisiano, in Streifen geschnitten
abgeriebene Schale von 1 unbehandelten Zitrone
2 EL Olivenöl extra vergine mit Zitrone
8 Doradenfilets
Meersalz, Pfeffer aus der Mühle

35 Minuten mittel

Das Olivenöl in einem Topf erhitzen.
Zwiebeln, Fenchel und Radicchio darin glasig anschwitzen.
Mit der Zitronenschalen und den Gewürzen verfeinern.
Wenn vorhanden, ein wenig Fenchelgrün hacken und untermischen.
Die Lumache Rigate in Salzwasser nach Anleitung kochen.
Olivenöl extra vergine mit Zitrone in einer Pfanne erhitzen.
Die Fischfilets auf der Hautseite anbraten, bis das Filet zu drei Viertel durch ist.
Kurz vor dem Servieren die Filets in der Pfanne wenden und würzen.
Die Lumache abgießen und mit dem Gemüse mischen.
Auf einem Teller anrichten und mit etwas frischem Radicchio garnieren.

Schneiden Sie die Hautseite des Fisches vor dem Braten dreimal leicht ein, so biegt sich das Filet beim Braten nicht.

Conchiglie Tricolore "Antipasto di Verdure e Branzino"

Wolfsbarsch, Antipasti-Gemüse

500 g Conchiglie Tricolore
2 EL Olivenöl extra vergine
4 Artischocken, roh und geputzt
2 rote Paprika, entkernt und in 2 cm große Stücke geschnitten
1 Aubergine, in Scheiben geschnitten
1 Knoblauchzehe im Ganzen mit Schale
4 Rosmarinzweige
2 EL Olivenöl extra vergine mit Zitrone
8 Filets vom Wolfsbarsch
Meersalz, Pfeffer aus der Mühle

35 Minuten **mittel**

Das Olivenöl in einem Topf erhitzen.
Die rohen Artischocken längs in Scheiben schneiden.
Artischocken, Paprika und Aubergine gut anbraten.
Knoblauch und Rosmarin dazugeben und mitbraten.
Die Conchiglie Tricolore in Salzwasser nach Anleitung kochen.
Die Conchiglie abgießen, untermischen und den Topf beiseitestellen.
Das Olivenöl extra vergine mit Zitrone in einer Pfanne erhitzen.
Die Fischfilets auf der Hautseite anbraten, bis sie zu drei Viertel durch sind.
Anschließend kurz wenden, würzen und mit den Conchiglie anrichten.

Für eine schnelle und unkomplizierte Variante können Sie das frische Gemüse einfach mit Antipasti aus dem Glas ersetzen.

Reserved

Spaghetti "Sugo agli Scampi"

Tomaten, Zwiebeln, Scampi, Knoblauch, Sellerie

500 g Spaghetti
2 EL Olivenöl extra vergine mit Chili
1 Gemüsezwiebel, geschält und gewürfelt
2 Knoblauchzehen, geschält und in Scheiben geschnitten
1/2 Bund Stangensellerie, in Stücke geschnitten
65 ml trockener Weißwein
2 Dosen stückige Tomaten
2 EL Tomatenmark
12 Scampi, geschält und entdarmt
8 Oreganozweige, abgezupft
Meersalz, Pfeffer aus der Mühle

30 Minuten leicht

Die Spaghetti in Salzwasser nach Anleitung kochen.
Das Öl in einem Topf erhitzen.
Zwiebeln, Knoblauch und Sellerie scharf anbraten.
Mit dem Weißwein ablöschen.
Die Tomatenstücke und das Tomatenmark beifügen und mitköcheln.
Die Scampi in Hälften schneiden, hineingeben und kurz aufkochen.
Mit dem abgezupften Oregano und den Gewürzen verfeinern.
Die Spaghetti abgießen, in den Topf geben und mit der Sauce mischen.
Auf einem Teller anrichten und mit gezupften Sellerieblättern dekorieren.
Reiben Sie etwas Bottarga (getrockneten Thunfisch- oder Schwertfischrogen) über dieses Gericht, es rundet den Scampigeschmack ab.

Wenn aromatische Düfte in der Luft liegen und viele Hände die vollen Teller und den Bottarga samt Reibe weiterreichen, kommt das Gespräch von alleine in Gang.
- Fabian Marte -

Conchiglie Tricolore "Melanzane e Tonno"

Tomaten, Aubergine, Oregano, Thunfisch, Ricotta

500 g Conchiglie Tricolore
2 EL Olivenöl extra vergine mit Chili
1 Gemüsezwiebel, geschält und gewürfelt
$^1/_2$ Bund Stangensellerie, in kleine Stücke geschnitten
1 Aubergine, gewürfelt
1 Dose Thunfisch in Olivenöl
1 Knoblauchzehe, geschält und in Scheiben
1 Bund frischer Oregano
65 ml trockener Weißwein
2 Dosen stückige Tomaten
2 EL Tomatenmark
Meersalz, Pfeffer aus der Mühle
250 g Ricotta

30 Minuten leicht

Die Conchiglie in Salzwasser nach Anleitung kochen.
Das Öl in einem Topf erhitzen.
Die Zwiebeln, den Stangensellerie und die Aubergine darin anschwitzen.
Den abgegossenen Thunfisch, den Knoblauch und den Oregano dazugeben und kurz mitschwitzen.
Mit dem Weißwein ablöschen.
Die Tomatenstücke und das Tomatenmark beifügen und mitköcheln.
Mit den Gewürzen abschmecken.
Die Conchiglie abgießen und in der Tomatensauce durchschwenken.
Anrichten und mit Ricotta garnieren.
Dieser Sugo schmeckt auch als sommerliche Vorspeise auf Bruschetta.

Tagliatelle "Frutti di Mare"

Scampi, Miesmuscheln, Calamaretti, Fenchel, Tomaten

500 g Tagliatelle
2 EL Olivenöl extra vergine mit Chili
1 Gemüsezwiebel, geschält und gehackt
1 Knoblauchzehe, geschält und in Scheiben geschnitten
1 Fenchel, gewürfelt
65 ml trockener Weißwein
2 Dosen stückige Tomaten
2 EL Tomatenmark
4 Scampi, geschält und entdarmt
4 Handvoll Miesmuscheln
4 Handvoll Venusmuscheln
4 Calamaretti, ausgelöst und in Stücke geschnitten
1/2 Bund Petersilie, gehackt
Meersalz, Pfeffer aus der Mühle, Fenchelsamen

30 Minuten leicht

Die Tagliatelle in Salzwasser nach Anleitung kochen.
Das Öl in einem Topf erhitzen.
Zwiebeln, Knoblauch und Fenchel scharf anbraten.
Mit dem Weißwein ablöschen.
Die Tomatenstücke und das Tomatenmark beifügen und für 15 Minuten mitköcheln.
Die Scampi in Hälften schneiden, alle Meeresfrüchte beifügen und kurz zugedeckt aufkochen.
Mit der Petersilie und den Gewürzen abschmecken.
Auf einem Teller anrichten, mit den gezupften Petersilienblättern dekorieren.
Entfernen Sie vor dem Anrichten alle geschlossenen Muscheln aus dem Gericht. Nur Muscheln, die sich beim Kochen geöffnet haben, sind zum Verzehr geeignet.

Ciuffi d'angelo "Pomodoro e Alici"

Sardellen, Kapern, Petersilie, Sellerie, Tomaten

500 g Ciuffi d'angelo
2 EL Olivenöl extra vergine mit Chili
1 Gemüsezwiebel, geschält und gehackt
40 g eingelegte Sardellenfilets
10 Kapern
$^1/_2$ Bund Stangensellerie, in Stücke geschnitten
65 ml trockener Weißwein
2 Dosen stückige Tomaten
2 EL Tomatenmark
$^1/_2$ Bund Petersilie, gehackt
Meersalz, Pfeffer aus der Mühle

30 Minuten mittel

Die Ciuffi d'angelo in Salzwasser nach Anleitung kochen.
Das Öl in einem Topf erhitzen.
Die Zwiebeln glasig anschwitzen.
Die Sardellenfilets, die Kapern und die Selleriestücke mitschwitzen.
Mit dem Weißwein ablöschen.
Die Tomatenstücke und das Tomatenmark beifügen und mitköcheln.
Mit der Petersilie und den Gewürzen abschmecken.
Die Ciuffi d'angelo abgießen und in der Tomatensauce schwenken.
Anrichten und mit einem Sardellenfilet und Petersilie garnieren.
Reiben Sie reichlich Pecorino über das Gericht, das gibt eine pikante Note.

Der richtige Begleiter der Tomate ist die milde Gemüsezwiebel. Sie befreit die Tomate von ihrem Zuviel an Säure und setzt ihr Aroma richtig in Szene.
- Helmut Feuerlein -

TI AMO

"Zuppa di Pesce del Mediterraneo" con Fidelini Corti

Muscheln, Scampi, Wolfsbarsch, Dorade, Gemüse

2 EL Olivenöl extra vergine mit Zitrone
1 Gemüsezwiebel, geschält und gewürfelt
1 Fenchelknolle, gewürfelt
2 Kartoffeln, geschält und in Streifen geschnitten
800 ml Fischfond (wahlweise Gemüse- oder Hühnerfond)
2 Msp. Safran, gemahlen
1/2 Bund Petersilie, gehackt
2 EL Pastis
1 TL Fenchelsamen
2 Sternanis
200 g Miesmuscheln
200 g Venusmuscheln
2 Filets vom Wolfsbarsch in 8 Streifen geschnitten
2 Filets von der Dorade, in 8 Streifen geschnitten
4 Scampi im Ganzen
100 g Fidelini Corti
Meersalz, Pfeffer aus der Mühle

30 Minuten **mittel**

In einem großen Topf das Olivenöl extra vergine mit Zitrone erhitzen. Zwiebel, Fenchel und Kartoffeln darin glasig anschwitzen. Mit dem Fischfond aufgießen. Safran, Petersilie, Pastis, Fenchelsamen, Sternanis dazugeben, mit den Gewürzen abschmecken und langsam aufkochen lassen. Den beim Kochen entstehenden Schaum mit einer Kelle vorsichtig entfernen. Nach 15 Minuten leichtem Köcheln die Muscheln, die Fische, die Scampi und die Fidelini Corti dazugeben und 3 Minuten weiterköcheln. Mit Salz und Pfeffer bei Bedarf nachwürzen und anrichten.

Wenn Sie für die Fischsuppe Ihre heimischen Fischarten verwenden, wird aus der klassisch mediterranen Fischsuppe ein delikates regionales Gericht.

Spaghetti "Scampi"

Kaisergranat, Petersilie, Knoblauch

500 g Spaghetti
2 EL Olivenöl extra vergine
2 EL Olivenöl extra vergine mit Zitrone
8 Kaisergranate, ausgelöst, geschält und entdarmt
4 Knoblauchzehen im Ganzen, geschält
2 Frühlingszwiebeln, in Scheiben geschnitten
$1/2$ Bund Petersilie, gehackt
40 g Butter
65 ml Weißwein
Meersalz, Pfeffer aus der Mühle

35 Minuten mittel

Die Spaghetti in Salzwasser nach Anleitung kochen.
Die Öle in einem Topf erhitzen.
Den ausgelösten Kaisergranat, die Kaisergranatschwänze, den Knoblauch, die Frühlingszwiebeln und die Petersilie darin anschwitzen.
Butter dazugeben und zergehen lassen
Mit Weißwein ablöschen und mit einem Deckel zugedeckt 3–4 Minuten köcheln lassen.
Die Spaghetti abgießen und untermischen.
Die Gewürze beifügen, auf Tellern anrichten und servieren.

Auslösen der Kaisergranate: Den Schwanz im Uhrzeigersinn abdrehen. Die Schale des Schwanzes abschälen. Mit einem kleinen Messer die Oberseite des geschälten Schwanzes einritzen und den Darm unter fließend kaltem Wasser herausnehmen. Es lohnt, die Scheren für ihre kleine Menge Fleisch aufzubrechen, es schmeckt ausgezeichnet.

Penne Rigate
"Calamari all'Arancia"

Kalmar, Rosmarin, Orangen

500 g Penne Rigate
3–4 große Kalmare à 150 g
2 EL Olivenöl extra vergine
2 EL Olivenöl extra vergine mit Zitrone
1 unbehandelte Orange
4 Rosmarinzweige
4 Frühlingszwiebeln, in Scheiben geschnitten
50 g Butter
2 EL Orangensaft
Meersalz, Pfeffer und Koriander aus der Mühle

25 Minuten **mittel**

Die Penne Rigate in Salzwasser nach Anleitung kochen.
Die Kalmare unter fließendem, kaltem Wasser abspülen.
Das Schulterblatt entfernen und die Haut abziehen.
Die Tentakeln vorne wegnehmen.
Körper (Tuben) und Tentakeln in kleine Stücke bzw. Ringe schneiden.
Öle in einer Pfanne erhitzen.
Die Orange halbieren und in feine Scheiben schneiden.
Orangen, Rosmarin und Frühlingszwiebeln in der Pfanne anbraten.
Die Kalmarstücke dazugeben und mitbraten.
Butter untermischen und zerlassen.
Mit Orangensaft ablöschen und kurz köcheln lassen.
Die Penne abgießen, unter die Sauce mischen.
Die Gewürze beifügen und anrichten.
Sollten Sie keine frischen Kalmare bekommen, greifen Sie einfach auf tiefgekühlte Calamariringe zurück.

Fettuccine "Cannolicchi"

Schwertmuscheln, Mangold

500 g Fettuccine
2 EL Olivenöl extra vergine
1 Gemüsezwiebel, geschält und gewürfelt
150 g Mangoldblätter, in Streifen geschnitten
500 g Schwertmuscheln
50 g Butter
65 ml Weißwein
Meersalz, Pfeffer aus der Mühle

20 Minuten leicht

Die Fettuccine in Salzwasser nach Anleitung kochen.
Das Olivenöl in einem Topf erhitzen.
Die Zwiebeln darin glasig anschwitzen.
Den Mangold dazugeben und kurz mitschwitzen.
Die Muscheln in den Topf geben.
Die Butter beifügen und zergehen lassen.
Mit Weißwein ablöschen und zugedeckt für einige Minuten köcheln lassen.
Die Fettucine abgießen und untermischen.
In einem Teller anrichten.

Das Gericht wird noch saftiger, wenn Sie nach dem Weißwein ein wenig Fischfond oder Hühnerfond zugeben.

Spaghetti "Cozze e Zafferano"

Miesmuscheln, Safran, Wurzelgemüse

500 g Spaghetti
2 EL Olivenöl extra vergine
1 Gemüsezwiebel, geschält und gewürfelt
1 Karotte, geschält und gewürfelt
1 kleine Sellerieknolle, geschält und gewürfelt
1 gelbe Rübe, geschält und gewürfelt
50 g Butter
125 ml Weißwein
2 Msp. Safran
½ Bund Petersilie, gehackt
1 kg Miesmuscheln, fertig geputzt
Meersalz, Pfeffer aus der Mühle

20 Minuten leicht

Die Spaghetti in Salzwasser nach Anleitung kochen.
Das Olivenöl in einem Topf erhitzen.
Die Zwiebeln und das Wurzelgemüse im Öl glasig anschwitzen.
Butter dazugeben und zerlassen.
Mit Weißwein ablöschen.
Den Safran und die Petersilie dazugeben.
Die Muscheln in den Topf geben und alles zugedeckt einige Minuten köcheln lassen.
Wenn sich die Muscheln geöffnet haben, die Spaghetti abgießen, dazugeben und durchmischen.
In einem Teller anrichten.

Falls Sie keinen Safran zur Hand haben, bekommt dieses Gericht auch mit 1 TL Kurkuma eine schöne gelbe Farbe.

Ohne Gewürze gekocht war die Miesmuschel ein Arme-Leute-Gericht. Erst als über die Seidenstraße kostbarer Safran zu ihr fand, wurde sie zum Gericht der Reichen.
- Wolfgang Ponier -

Ditalini Lisci "Bistecca di Tonno"

Thunfisch, Algen, Limette

500 g Ditalini Lisci
50 g Butter
1 Gemüsezwiebel, geschält und gewürfelt
150 g essbare Algen
abgeriebene Schale von 1 unbehandelten Zitrone
65 ml Weißwein
125 g Sahne
40 g geriebener Parmesan
4 Thunfischsteaks aus dem Mittelstück à 150 g
Meersalz, Pfeffer aus der Mühle
Olivenöl extra vergine mit Zitrone

35 Minuten mittel

Die Ditalini Lisci in Salzwasser nach Anleitung kochen.
Butter in einer Pfanne zerlassen.
Die Gemüsezwiebelwürfel darin glasig anschwitzen.
Die Algen, die Zitronenschale und die Gewürze beifügen.
Mit dem Weißwein ablöschen und der Sahne aufgießen.
Den geriebenen Parmesan untermischen und köcheln lassen.
Die Ditalini Lisci abgießen und untermischen.
In einer Grillpfanne die Thunfischsteaks beidseitig kurz anbraten.
Würzen und mit den Ditalini Lisci anrichten.
Mit einigen Tropfen Öl beträufeln.

Belassen Sie den Thunfisch beim Braten in der Mitte immer roh, damit er nicht zu trocken wird und seinen Geschmack verliert.

Fusilli "Orata Piccante"

Dorade, Tomaten, Knoblauch, Oliven

500 g Fusilli
2 EL Olivenöl extra vergine
1/2 Gemüsezwiebel, geschält und gewürfelt
1 Chilischote, entkernt und in feine Streifen geschnitten
3 Knoblauchzehen im Ganzen, geschält
80 g schwarze Oliven ohne Kern, in Scheiben geschnitten
2 Sardellenfilets
8 Kapern
1 EL Tomatenmark
1 Dose stückige Tomaten
4 Doraden im Ganzen, ausgenommen
8 Scheiben Zitrone
8 Basilikumzweige
Meersalz, Pfeffer aus der Mühle

35 Minuten mittel

Die Fusilli in Salzwasser nach Anleitung kochen.
Das Olivenöl in einem Topf erhitzen.
Zwiebeln, Chili, Knoblauch und Oliven kurz anbraten.
Die Sardellenfilets und die Kapernbeeren dazugeben und kurz mitbraten.
Tomatenmark beifügen und kurz mitbraten.
Mit Tomatenstücke aufgießen, würzen und köcheln lassen.
Die Doraden mit Zitrone und Basilikum füllen.
Auf einem Grill oder einer Grillpfanne beidseitig je 4 Minuten grillen.
Die Fusilli abgießen und mit der Tomatensauce mischen.
Auf einem Teller anrichten, den Fisch dazusetzen und mit etwas Basilikum dekorieren.

Braten oder grillen Sie Fisch im Ganzen mit einer Fischzange, so hält der Fisch gut zusammen und bleibt auch für das Auge appetitlich.

Spaghetti "Vongole"

Venusmuscheln, Zitrone, Petersilie

500 g Spaghetti
50 g Butter
4 Frühlingszwiebeln, in Scheiben geschnitten
2 Knoblauchzehen im Ganzen, geschält
abgeriebene Schale von 1 unbehandelten Zitrone
½ Bund glatte Petersilie, gehackt
125 ml Weißwein
1 kg fertig geputzte Venusmuscheln
Meersalz, Pfeffer aus der Mühle

20 Minuten leicht

Die Spaghetti in Salzwasser nach Anleitung kochen.
Die Butter in einem Topf erhitzen.
Frühlingszwiebeln, Knoblauch und Zitronenschale darin anschwitzen.
Petersilie dazugeben und mit Weißwein ablöschen.
Die Venusmuscheln in den Topf geben und zugedeckt für einige Minuten köcheln lassen, bis sich die Schalen geöffnet haben.
Die Spaghetti abgießen und untermischen.
In einem Teller anrichten und mit Petersilie garnieren.
Wenn Sie die Muscheln säubern, verwenden Sie dazu eine kleine Bürste, die erleichtert die Arbeit enorm. Ziehen Sie den „Bart" ab, den Rest erledigt das kalte fließende Wasser.

Acqua salsa

– ital. acqua: Wasser –

Salz ist ein wichtiger Bestandteil des Kochwassers, das vor dem Hineingeben der Nudeln wie eine Suppe abgeschmeckt werden sollte.

Nach dem Kochvorgang wird eine kleine Tasse Nudelwasser zurückbehalten, um mit diesem stärkehaltigen Wasser eine geschmeidige Verbindung zwischen Nudel und Sauce zu fördern. Die abgegossenen Nudeln werden, wie in Italien üblich, direkt zur Sauce gegeben und beim Mischen wird je nach Bedarf eine kleine Menge des Nudelwassers zugesetzt.

Die einzige Ausnahme sind tomatenhaltige Saucen und Sugos, die durch den wässerigen Anteil der Tomate genügend Flüssigkeit enthalten.

Nudelkunde

Bronze-Pasta
– ital. pasta al bronzo –

Ein Teig aus Hartweizengrieß, Wasser und Salz wird in Handarbeit oder maschinell durch eine traditionelle Bronzeform gepresst und anschließend getrocknet. Die Bronze hinterlässt auf der Pasta eine fast poröse Oberflächenstruktur, die der Nudel eine helle, fast weiße Farbe verleiht.

Die raue Oberfläche lässt Saucen sehr gut anhaften und geht eine innige Verbindung mit Sugos oder auch kräftigen, stückigen Saucen ein.

Das Herstellungsverfahren ist aufwendiger als bei regulärer Hartweizen-Pasta, somit konzentriert sich das Angebot bei Bronze-Pasta auf besondere, meist rare Sorten.

Hartweizen-Pasta
– ital. pasta di semola di grano duro –

Ein Teig aus Hartweizengrieß, Wasser und Salz wird maschinell durch eine Form gepresst und anschließend getrocknet. Die spezielle Beschichtung der Form gibt der Nudel eine gleichmäßige Oberfläche, die Farbe ist hellgelb.

Die glatte Oberfläche lässt Saucen weniger haften, das ist eine gute Eigenschaft für ölige oder schwere Saucen, bei denen die Nudel ihren eigenständigen Charakter bewahren oder nicht zu viel Flüssigkeit aufnehmen soll.

Seitdem im Mittelalter die ersten industriellen Pastabetriebe nahe Palermo ihre Arbeit aufnahmen, ist eine Vielfalt an Formen für jeden Einsatzzweck entstanden.

Dreifarbige Nudeln

– ital. pasta tricolore –

Einem Teig aus Mehl, Wasser und Salz werden Gemüse, Kräuter oder Gewürze zugesetzt, die Weiterverarbeitung erfolgt in der Regel im Bronze-Verfahren.

Die klassischen Tricolore-Farben entstehen durch Ei, rote Bete oder Tomate und Spinat. Die veredelten Nudeln gewinnen dabei an geschmacklicher Tiefe und harmonieren mit den meisten Sugos und Saucen, mit denen sie sich dank ihrer rauen Oberfläche gut verbinden.

Durch das aufwendige Bronze-Verfahren konzentriert sich das Angebot bei der Pasta Tricolore auf eine Auswahl spezieller Formen und thematischer Festtagsnudeln.

Eiernudeln

– ital. pasta all'uovo –

Ein Teig aus Eiern, Mehl, Wasser und Salz wird in Handarbeit oder maschinell durch eine Form gepresst und getrocknet. Je nach Verfahren erhält die gelbe Pasta eine glatte oder raue Oberfläche.

Das zugesetzte Ei verändert nicht nur die Farbe, es macht die Konsistenz der Nudel geschmeidiger. Der milde Eigeschmack passt ausgezeichnet zu vielen sahnigen und cremigen Saucen und zu Fleischgerichten.

Üblicherweise im italienischen Feinkostladen als tagesfrische Ware zu kaufen, ist Pasta all'uovo dank moderner und schneller Trocknungsverfahren heute auch als haltbare Ware überall im Handel erhältlich.

Fusilli

– ital. fuso: die Spindel –

Die spiralförmigen Nudeln eignen sich für Nudelsalate, Aufläufe und schwere, gehaltvolle Saucen. Die Nudelform soll während der Renaissance entstanden sein, als einem Hofkoch Nudelteig auf den Boden fiel und sein Sohn den Teig auf Stricknadeln aufwickelte.

Fusillini Corti

– ital. corto, corta: kurz –

Die feinere, kleinere Form der Fusilli ist eine gute Wahl für leichte Vorspeisensalate und aromatische Saucen.

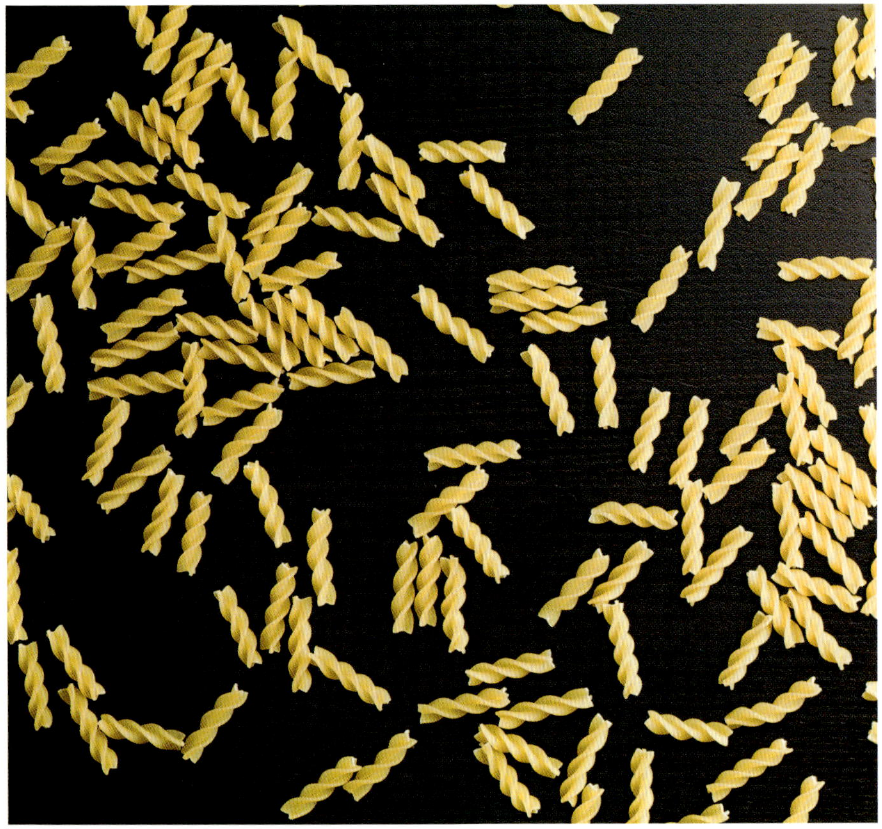

Conchiglie Tricolore Rigate

– ital. conchiglia tricolore: die dreifarbige Muschel –

Die mit Ei, Spinat und Tomate aromatisierte Nudel aus der Bronzeform nimmt kräftige, stückige Saucen mit Fleisch oder Thunfisch sehr gut auf. Die geriffelte Form erweitert die Oberfläche, damit die Sauce noch besser an der Nudel haftet.

Lumache
– ital. lumaca: die Schnecke –

Die schneckenhausähnliche Nudel ist ideal in Kombination mit kräftigen Saucen, die sie durch ihre Form fast schon löffelartig aufnimmt.

Lumache Rigate
– ital. rigato, rigata: gestreift, liniert –

Die geriffelte Form der Lumache lässt durch diese Oberflächenerweiterung die Sauce noch besser haften und passt gut zu Sugos.

Spaghetti
– ital. spago: die Schnur –

Die langen, dünnen Nudelschnüre eignen sich besonders für ölige Saucen wie Pesto und für Sugos. Ihre Urform wurde bereits im 2. Jahrtausend v. Chr. in China nachgewiesen und macht sie damit zur ältesten bekannten Nudel. In Italien wird ihre Erfindung 1842 Antonio Viviani in Neapel zugeschrieben.

Fidelini Corti

– ital. fido, fida: treu –

Die ursprüngliche Bestimmung der kurzen Fadennudeln ist die Suppe, doch sie verbinden sich auch wunderbar mit cremigen Saucen.

Ciuffi d'angelo

– ital. ciuffo d'angelo: das Engelshaar –

Die hauchdünnen Nudelschnüre sind nicht nur eine perfekte Suppeneinlage, sondern schmiegen sich auch weich um feine Saucen und kräftige Aromen.

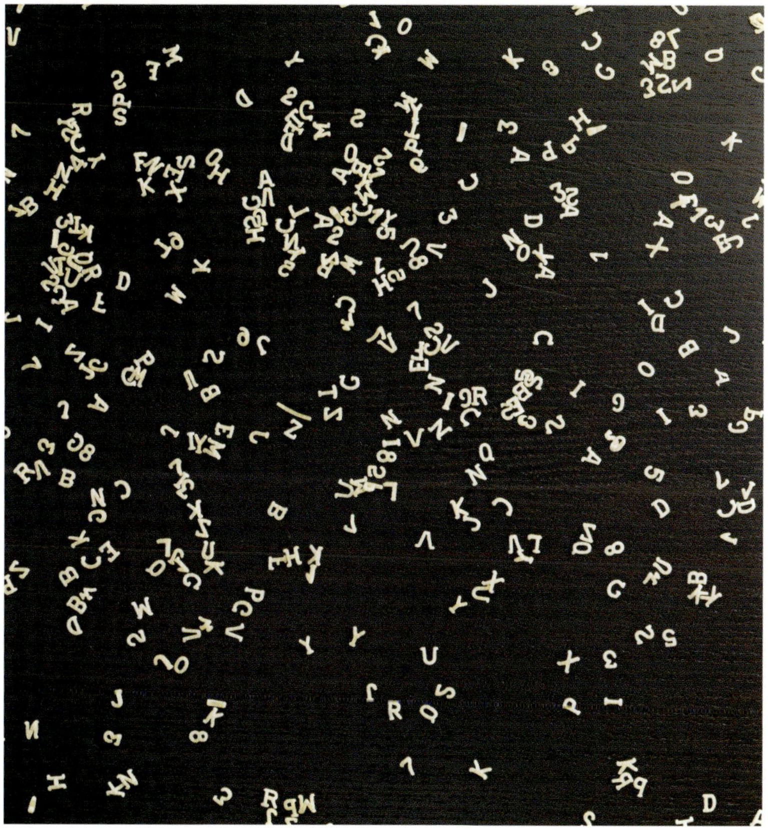

Alfabeto

– ital. alfabeto: das ABC –

Die Buchstabennudeln sind eine sättigende Einlage in Suppen und Eintöpfen und sind darüber hinaus für Kinder eine wohlschmeckende Beschäftigung mit dem ABC.

Ganzetti Rigati

– ital. ganzo, ganza: der Geliebte, die Geliebte –

Die geriffelten Hörnchen passen gut zu kräftigen Sugos und Saucen und kommen gerne bei ländlich einfachen Gerichten auf den Teller.

Cannelloni

– ital. cannello: die Röhre –

Die dicke Röhrennudel lässt sich mit schweren, stückigen Saucen befüllen und im Backofen überbacken.

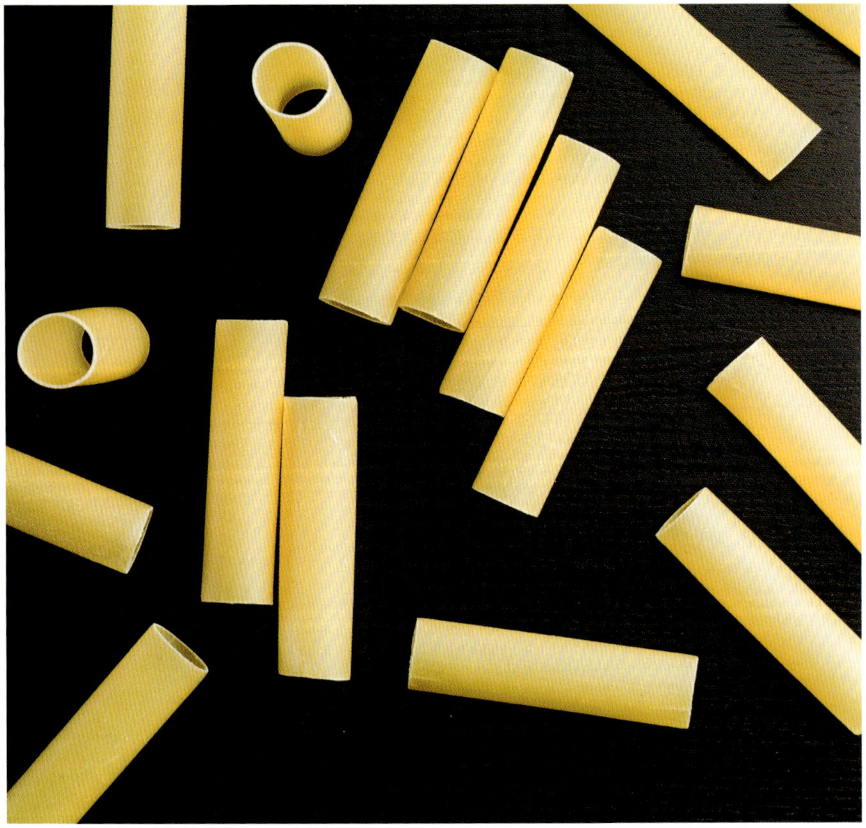

Penne Rigate

– ital. penna: die Schreibfeder –

Die geriffelten Röhrennudeln eigenen sich für sämige, stückige Saucen und Salate. Ursprünglich aus dem Norden Italiens kommend, wurde die Penne durch den Einfallsreichtum der Neapolitaner berühmt, die ihnen die angespitzte Form einer antiken Schreibfeder verliehen.

Pennette Rigate

– ital. rigato, rigata: gestreift, liniert –

Die kleinere, feinere Form der Penne Rigate wird gerne für Vorspeisen verwendet.

Casarecce

– ital. casereccio: hausgemacht –

Die s-förmige, gedrehte Nudel mit Schlitz aus der Bronzeform nimmt sehr viel Sauce auf. Sie verbindet sich ideal mit Sugos und kräftigeren Saucen mit oder ohne Fleischeinlage.

Fettuccine all' Uovo

– ital fettuccia: das Band –

Die breiten Bandnudeln im Nest eignen sich für ölige Saucen und geschmacksintensive, nicht zu dickflüssige Sugos. Das Ei im Teig sorgt für einen angenehm feinen, fast edlen Biss. Ihr Ursprung liegt in der Toskana.

Ditalini Lisci

– ital. ditale: der Fingerhut –

Die kurzen Röhrchen mit glatter Oberfläche eignen sich für alle, die ihre Nudeln gerne mit dem Löffel essen und passen zu leichten Sommersalaten, feinen, cremigen Saucen und als Beilage zu Fleisch und Fisch.

Tagliatelle

– ital. tagliare: schneiden –

Die schmalen Bandnudeln mit dem Ursprung in der Emilia-Romagna passen zu sahnigen und cremigen Saucen ebenso gut wie zu kräftigen Sugos.

Der Legende nach wurde ein Koch von der kunstvoll frisierten Haarpracht der Lucrezia Borgia bei ihrer Vermählung mit Alfonso d'Este zu der Tagliatelle inspiriert.

Lasagne
– lat. lasanum: der Kochtopf –

Die flachen Nudelplatten eignen sich ausschließlich für Aufläufe, doch ist eine gute Lasagne die Königin der Nudelgerichte!
Über die griechische und lateinische Sprache ist das Gericht nach dem Kochgeschirr benannt, in dem sie hergestellt wird.

Lasagnette all'uovo
– ital. uovo: das Ei –

Diese weitaus schmalere Form der Lasagne wird als Eierbandnudel im Nest hergestellt und eignet sich besonders für kräftige Sugos, cremige Saucen und als Beilage zu Fleisch.

Helmut Feuerlein

Höchste Auszeichnung:
14 Punkte (1 Haube) Gault Millau, 1 Stern Guide Michelin
Wichtigeste Stationen:
Garrick Club (GB), Villino (D), Verwalter (A)

Stationen:
Kensington Palace Hotel, Londen (GB)
The Garrick Club, London (GB)
Ristorante Stazione, Tessin (CH)
Steigenberger, Berlin (D)
Hotel Villino, Lindau (D)
Landgasthof Alte Post, Kimratshofen (D)
Restaurant Zum Verwalter, Dornbirn (A)
Württembergischer Yachtclub, Friedrichshafen (D)

Nach über 30 Jahren Berufserfahrung in der gehobenen Gastronomie ist Helmut Feuerlein als Berater für Hersteller namenhafter Küchengeräte und Biolebensmittel tätig. Als selbstständiger Koch bringt er sein Wissen bei Kochkursen und besonderen Anlässen an den Mann und auf den Teller.

Fabian Marte

Höchste Auszeichnung:
14 Punkte (1 Haube) Gault Millau
Wichtigste Stationen:
Hermitage Hotel (NZL), Martinspark Hotel (A)

Stationen:
Lehre im Restaurant Mohren in Rankweil (A)
Hotel Restaurant Real, Vaduz (LI)
Hotel Stage Neck Inn, York (USA)
Lake Side Casino, Zürich (CH)
Restaurant Spigalina, Lenox, Massachusetts (USA)
Romantikhotel Hirschen, Schwarzenberg (A)
Hotel Hermitage, Mt. Cook (NZL)
Hotel Martinspark, Dornbirn (A)

Fabian Marte erkochte seine erste Haube im Hotel Martinspark als einer der jüngsten österreichischen Küchenchefs. Inzwischen bildet er als Fachlehrer die nachwachsende Generation Köche an der Vorarlberger Landesberufschule Lochau aus.

Wolfgang Ponier

Höchste Auszeichnung:
18 Punkte (3 Hauben) Gault Millau, 1 Stern Guide Michelin
Wichtigste Stationen:
Mosimann's (GB), Raffels (SG), Talvo (CH)

Stationen:
Lehre in der Traube in Braz (A)
Restaurant Ambrosius, Lech (A)
Hotel Rosseggletscher, Pontresina (CH)
Restaurant Alte Post, Klosters (CH)
Hotel Haus Paradies, Ftan (CH)
Talvo, St. Moritz-Champfér (CH)
Anton Mosimann's Club, London (GB)
Hilton, Hong Kong (CN)
Quellenhof, Bad Ragaz (CH)
Raffels International, Singapur (SG)

Neben vielen anderen koch- und küchenbezogenen Aktivitätsfeldern stellt Wolfgang Ponier seit 1999 seine weitreichende Erfahrung der Vorarlberger Landesberufschule Lochau zu Verfügung und unterrichtet dort als diplomierter Pädagoge und Ausbilder.

Michael Ritter

Höchste Auszeichnung:
14 Punkte (1 Haube) Gault Millau, Feinschmecker Guide 2,5 Punkte,
2 Gabeln im Falstaff VIP Gourmet Guide
Wichtigste Stationen:
Château du Domain St. Martin (F), Taverne Schäfli (CH)

Stationen:
Hotel Post, Lech am Arlberg (A)
Château du Domain St. Martin, Vence (F)
Taverne Schäfli, Wigoltingen (CH)
Restaurant Guth, Lauterach (A)
Magazin 4, Bregenz (A)
Hotel und Restaurant Zum Verwalter, Dornbirn (A)

Michael Ritter ist Koch, Sommelier, Autor und als Tarinologe ein Kundiger der Düfte, alles in einer Person. 2004 beschritt er mit dem Boutique-Hotel Zum Verwalter den Weg in die Selbständigkeit. Im gleichnamigen Restaurant erkochte er auf Anhieb 14 Punkte im Gault Millau und 2,5 Punkte im Feinschmecker Guide.

Rezeptverzeichnis

Lasagnette "Aglio e Peperoncino" *Knoblauch, Chili, Petersilie* 14
Spaghetti "Prezzemolo" *Petersilie, Knoblauch, Zitronenschale* 17
Penne Rigate "Pesto di Prezzemolo e Limone" *Petersilien-Zitronen-Pesto, Knoblauch* 19
Fettuccine "Rucola e Pepe Rosa" *Rucola, rosa Pfeffer, Pecorino* 20
Ditalini Lisci "Pesto di Salvia e Nocciole" *Salbei-Nuss-Pesto* 23
Minestrone "Incantesimo" *Gemüse, Petersilie, Tomaten* 26
Fettuccine "Zucchine" *geröstete Zucchini, frische Tomaten, Petersilie und Zwiebeln* 28
Penne Rigate "Carciofi e Finocchio" *Artischocken, Fenchel, Zwiebeln, Rosmarin* 31
Fusilli "Salsa Fresca" *frische Tomaten, Büffelmozarella, Basilikum* 32
Casarecce "Peperoni Grigliati e Ricotta" *gegrillte Paprika, Knoblauch, Pinienkerne, Ricotta* 35
Penne Rigate "Patate e Fagioli" *neue Kartoffeln, Saubohnen, grüne Bohnen* 36
Tagliatelle "Avocado" *Avocado, Basilikum, Petersilie, Chili, Speck* 39
Penne Rigate "Pomodoro e Rucola" *frische Tomaten, Rucola, Mozzarella, Pinienkerne, Knoblauch* 41
Spaghetti "Puttanesca" *Tomaten, Sardellen, Kapern, Knoblauch, Chili, Oliven* 42
Tagliatelle "Boscaiola" *Pancetta, Steinpilze, Frühlingszwiebeln, Sahne, Petersilie* 45
Fettuccine "Pomodoro e Bietola" *Zwiebeln, Tomaten, Mangold* 48
Casarecce "Diavolo" *Tomaten, Zwiebeln, Sellerie, Chili, Oliven* 50
Lasagnette "Salsa di Fagioli" *Tomaten, weiße Bohnen, Zwiebeln, Speck, Oregano* 53
Fusillini "Salsa di Cipolle" *Tomaten, Balsamico-Zwiebeln, Thymian, Kapern* 54
Spaghetti "Pomodoro" *Tomaten, Knoblauch, Zwiebeln, Petersilie* 57
Ganzetti Rigati "Colline" *Speck, Zwiebeln, Pfeffer, Kräuter* 60
Tagliatelle "Pollo Primavera" *Hähnchen, Zucchini, Frühlingszwiebeln, Chili, Basilikum* 63
Fettuccine "Manzo e Rucola" *Rind, Rucola, Chili* 64
Penne Rigate "Amatriciana" *Tomaten, Zwiebeln, Speck, Petersilie* 66
Fettuccine "Rustico" *Rote Zwiebeln, Speck, Petersilie* 72
Fettuccine "Affumicato" *Haselnuss-Rucola-Pesto, getrocknete Tomaten, geräuchertes Hähnchen* 75
Casarecce "Rucola e Limone" *Zitrone, Rucola, Pecorino* 76
Ciuffi d'angelo "Tartufo" *Trüffel, Weißwein, Sahne* 79
Lasagnette "Burro di Salvia" *Salbei, Butter, Parmesan* 81
Fusilli "Pesto di Rosmarino" *Rosmarin-Pesto* 82
Casarecce "Pesto di Basilico e Peperoncino" *Basilikum-Chili-Pesto* 84
Penne Rigate "Pesto di Origano e Pecorino" *Oregano-Schafskäse-Pesto* 87
Fidelini Corti "Ortica" *Brennnessel, Walnüsse, Ziegenfrischkäse* 88
Casarecce "Pesto alla Genovese" *Basilikumpesto, Kartoffeln, grüne Bohnen* 90
Cannelloni "Spinaci e Ricotta" *frischer Spinat, Tomaten, Ricotta, Parmesan, Kräuter* 95
Spaghetti "Pomodoro e Caprino" *Tomaten, Zwiebeln, Kräuter, frischer Ziegenkäse* 97
Lasagne "Verdure" *Aubergine, Zucchini, Karotten, Sellerie* 98
Tagliatelle "Quattro Formaggi" *Ricotta, Parmesan, Pecorino, Gorgonzola* 102
Penne Rigate "Funghi" *Tomaten, Zwiebeln, Pilze, Petersilie* 105
Lumache Rigate "Uova Fritte e Pancetta" *Tomaten, Zwiebeln, Speck, Rosmarin, Spiegelei* 106
Spaghetti "Bolognese" *Fleischsugo, Kräuter, Parmesan* 108
Penne Rigate "Arrabbiata" *Tomatensugo, Chili, Kräuter, Parmesan* 111
Penne Rigate "Carbonara" *gerösteter Speck, Zwiebeln, Sahne, Parmesan, Frühlingszwiebeln* 112
Lumache Rigate "Pollo al Limone" *Zitronenhuhn, Stangensellerie, Pfeffer* 116
Fettuccine "Salsicce" *Salsicce, Fenchel, Orange* 119
Ditalini Lisci "Straccetti" *Rinderfilet, Rucola, Chili, Ziegenfrischkäse* 120
Fusillini "Manzo Trevisiano" *Rinderfilet, Radicchio Trevisiano, Saubohnen, Zwiebeln* 123
Lasagnette "Vitello Tonnato" *Kalbsfilet, Thunfisch, Kapern, Sahne* 125
Spaghetti "Piccata Milanese" *Kalbsschnitzel, Parmesan, Ei, Kräuter, Tomaten* 126
Penne Rigate "Maiale" *Schweinefilet, Pecorino, Speck, Rucola* 129
Ditalini Lisci "Saltimbocca" *Kalbsschnitzel, Speck, Salbei, Zitrone* 131
Tagliatelle "Lardo e Rosmarino" *Speck, Lauch, Pecorino, Rosmarin* 132
Lasagnette "Vitello e Funghi" *Kalbsfilet, Steinpilze, Frühlingszwiebeln, Sahne* 135
Lasagne "Al Forno" *Sauce Bolognese, Béchamelsauce, Parmesan* 136
Ditalini Lisci "Brasato" *Schmorbraten, Wurzelgemüse, Zitrone, Sahne* 138
Fettuccine "Gamberi e Peperoncino" *Scampi, Algen, Chili* 144
Lasagnette "Menta" *Minze, Scampi, Pinienkerne* 146
Lasagnette "Timo e Granchio" *Tomaten, Zwiebeln, Thymian, Krebsfleisch* 149
Lumache Rigate "Radicchio e Orata" *Dorade, Radicchio, Zwiebeln* 152
Conchiglie Tricolore "Antipasto di Verdure e Branzino" *Wolfsbarsch, Antipasti-Gemüse* 154
Spaghetti "Sugo agli Scampi" *Tomaten, Zwiebeln, Scampi, Knoblauch, Sellerie* 159
Conchiglie Tricolore "Melanzane e Tonno" *Tomaten, Aubergine, Oregano, Thunfisch, Ricotta* 161
Tagliatelle "Frutti di Mare" *Scampi, Miesmuscheln, Calamaretti, Fenchel, Tomaten* 162
Ciuffi d´angelo "Pomodoro e Alici" *Sardellen, Kapern, Petersilie, Sellerie, Tomaten* 165
"Zuppa di Pesce del Mediterraneo" con Fidelini Corti *Muscheln, Scampi, Wolfsbarsch, Dorade, Gemüse* 168
Spaghetti "Scampi" *Kaisergranate, Petersilie, Knoblauch* 171
Penne Rigate "Calamari all'Arancia" *Kalmare, Rosmarin, Orangen* 173
Fettuccine "Cannolicchi" *Schwertmuscheln, Mangold* 174
Spaghetti "Cozze e Zafferano" *Miesmuscheln, Safran, Wurzelgemüse* 176
Ditalini Lisci "Bistecca di Tonno" *Thunfisch, Algen, Limette* 179
Lumache Rigate "Orata Piccante" *Dorade, Tomaten, Knoblauch, Oliven* 180
Spaghetti "Vongole" *Venusmuscheln, Zitrone, Petersilie* 184

Rezeptverzeichnis nach Nudelsorte

Alfabeto

Minestrone "Incantesimo" *Gemüse, Petersilie, Tomaten* 26

Cannelloni

Cannelloni "Spinaci e Ricotta" *frischer Spinat, Tomaten, Ricotta, Parmesan, Kräuter* 95

Casarecce

Casarecce "Diavolo" *Tomaten, Zwiebeln, Sellerie, Chili, Oliven* 50
Casarecce "Peperoni Grigliati e Ricotta" *gegrillte Paprika, Knoblauch, Pinienkerne, Ricotta* 35
Casarecce "Pesto alla Genovese" *Basilikumpesto, Kartoffeln, grüne Bohnen* 90
Casarecce "Pesto di Basilico e Peperoncino" *Basilikum-Chili-Pesto* 84
Casarecce "Rucola e Limone" *Zitrone, Rucola, Pecorino* 76

Ciuffi d'angelo

Ciuffi d'angelo "Pomodoro e Alici" *Sardellen, Kapern, Petersilie, Sellerie, Tomaten* 165
Ciuffi d'angelo "Tartufo" *Trüffel, Weißwein, Sahne* 79

Conchiglie Tricolore Rigate

Conchiglie Tricolore "Antipasto di Verdure e Branzino" *Wolfsbarsch, Antipasti-Gemüse* 154
Conchiglie Tricolore "Melanzane e Tonno" *Tomaten, Aubergine, Oregano, Thunfisch, Ricotta* 161

Ditalini Lisci

Ditalini Lisci "Bistecca di Tonno" *Thunfisch, Algen, Limette* 179
Ditalini Lisci "Brasato" *Schmorbraten, Wurzelgemüse, Zitrone, Sahne* 138
Ditalini Lisci "Pesto di Salvia e Nocciole" *Salbei-Nuss-Pesto* 23
Ditalini Lisci "Saltimbocca" *Kalbsschnitzel, Speck, Salbei, Zitrone* 131
Ditalini Lisci "Straccetti" *Rinderfilet, Rucola, Chili, Ziegenfrischkäse* 120

Fidelini Corti

"Zuppa di Pesce del Mediterraneo" con Fidelini Corti" *Muscheln, Scampi, Wolfsbarsch, Dorade, Gemüse* 168
Fidelini Corti "Ortica" *Brennnessel, Walnüsse, Ziegenfrischkäse* 88

Fusilli

Fusilli "Pesto di Rosmarino" *Rosmarin-Pesto* 82
Fusilli "Salsa Fresca" *frische Tomaten, Büffelmozarella, Basilikum* 32

Fusillini Corti

Fusillini "Manzo Trevisiano" *Rinderfilet, Radicchio Trevisiano, Saubohnen, Zwiebeln* 123
Fusillini "Salsa di Cipolle" *Tomaten, Balsamico-Zwiebeln, Thymian, Kapern* 54

Fettuccine

Fettuccine "Affumicato" *Haselnuss-Rucola-Pesto, getrocknete Tomaten, geräuchertes Hähnchen* 75
Fettuccine "Cannolicchi" *Schwertmuscheln, Mangold* 174
Fettuccine "Gamberi e Peperoncino" *Scampi, Algen, Chili* 144
Fettuccine "Manzo e Rucola" *Rind, Rucola, Chili* 64
Fettuccine "Pomodoro e Bietola" *Zwiebeln, Tomaten, Mangold* 48
Fettuccine "Rucola e Pepe Rosa" *Rucola, rosa Pfeffer, Pecorino* 20
Fettuccine "Rustico" *Rote Zwiebeln, Speck, Petersilie* 72
Fettuccine "Salsicce" *Salsicce, Fenchel, Orange* 119
Fettuccine "Zucchine" *geröstete Zucchini, frische Tomaten, Petersilie und Zwiebeln* 28

Ganzetti Rigati

Ganzetti Rigati "Colline" *Speck, Zwiebeln, Pfeffer, Kräuter* 60

Lasagne

Lasagne "Al Forno" *Sauce Bolognese, Béchamelsauce, Parmesan* 136
Lasagne "Verdure" *Aubergine, Zucchini, Karotten, Sellerie* 98

Lasagnette

Lasagnette "Aglio e Peperoncino" *Knoblauch, Chili, Petersilie* 14
Lasagnette "Burro di Salvia" *Salbei, Butter, Parmesan* 81
Lasagnette "Menta" *Minze, Scampi, Pinienkerne* 146
Lasagnette "Salsa di Fagioli" *Tomaten, weiße Bohnen, Zwiebeln, Speck, Oregano* 53
Lasagnette "Timo e Granchio" *Tomaten, Zwiebeln, Thymian, Krebsfleisch* 149
Lasagnette "Vitello e Funghi" *Kalbsfilet, Steinpilze, Frühlingszwiebeln, Sahne* 135
Lasagnette "Vitello Tonnato" *Kalbsfilet, Thunfisch, Kapern, Sahne* 125

Lumache Rigate

Lumache Rigate "Orata Piccante" *Dorade, Tomaten, Knoblauch, Oliven* 180
Lumache Rigate "Pollo al Limone" *Zitronenhuhn, Stangensellerie, Pfeffer* 116
Lumache Rigate "Radicchio e Orata" *Dorade, Radicchio, Zwiebeln* 152
Lumache Rigate "Uova Fritte e Pancetta" *Tomaten, Zwiebeln, Speck, Rosmarin, Spiegelei* 106

Penne Rigate

Penne Rigate "Amatriciana" *Tomaten, Zwiebeln, Speck, Petersilie* 66
Penne Rigate "Arrabbiata" *Tomatensugo, Chili, Kräuter, Parmesan* 111
Penne Rigate "Calamari all'Arancia" *Kalmare, Rosmarin, Orangen* 173
Penne Rigate "Carbonara" *gerösteter Speck, Zwiebeln, Sahne, Parmesan, Frühlingszwiebeln* 112
Penne Rigate "Carciofi e Finocchio" *Artischocken, Fenchel, Zwiebeln, Rosmarin* 31
Penne Rigate "Funghi" *Tomaten, Zwiebeln, Pilze, Petersilie* 105
Penne Rigate "Maiale" *Schweinefilet, Pecorino, Speck, Rucola* 129
Penne Rigate "Patate e Fagioli" *neue Kartoffeln, Saubohnen, grüne Bohnen* 36
Penne Rigate "Pesto di Origano e Pecorino" *Oregano-Schafskäse-Pesto* 87
Penne Rigate "Pesto di Prezzemolo e Limone" *Petersilien-Zitronen-Pesto, Knoblauch* 19
Penne Rigate "Pomodoro e Rucola" *frische Tomaten, Rucola, Mozzarella, Pinienkerne, Knoblauch* 41

Spaghetti
Spaghetti "Bolognese" *Fleischsugo, Kräuter, Parmesan* 108
Spaghetti "Cozze e Zafferano" *Miesmuscheln, Safran, Wurzelgemüse* 176
Spaghetti "Piccata Milanese" *Kalbsschnitzel, Parmesan, Ei, Kräuter, Tomaten* 126
Spaghetti "Pomodoro e Caprino" *Tomaten, Zwiebeln, Kräuter, frischer Ziegenkäse* 97
Spaghetti "Pomodoro" *Tomaten, Knoblauch, Zwiebeln, Petersilie* 57
Spaghetti "Prezzemolo" *Petersilie, Knoblauch, Zitronenschale* 17
Spaghetti "Puttanesca" *Tomaten, Sardellen, Kapern, Knoblauch, Chili, Oliven* 42
Spaghetti "Scampi" *Kaisergranate, Petersilie, Knoblauch* 171
Spaghetti "Sugo agli Scampi" *Tomaten, Zwiebeln, Scampi, Knoblauch, Sellerie* 159
Spaghetti "Vongole" *Venusmuscheln, Zitrone, Petersilie* 184

Tagliatelle
Tagliatelle "Avocado" *Avocado, Basilikum, Petersilie, Chili, Speck* 39
Tagliatelle "Boscaiola" *Pancetta, Steinpilze, Frühlingszwiebeln, Sahne, Petersilie* 45
Tagliatelle "Frutti di Mare" *Scampi, Miesmuscheln, Calamaretti, Fenchel, Tomaten* 162
Tagliatelle "Lardo e Rosmarino" *Speck, Lauch, Pecorino, Rosmarin* 132
Tagliatelle "Pollo Primavera" *Hähnchen, Zucchini, Frühlingszwiebeln, Chili, Basilikum* 63
Tagliatelle "Quattro Formaggi" *Ricotta, Parmesan, Pecorino, Gorgonzola* 102

Rezeptverzeichnis nach Zutaten

A

Algen
Ditalini Lisci "Bistecca di Tonno" *Thunfisch, Algen, Limette* 179
Fettuccine "Gamberi e Peperoncino" *Scampi, Algen, Chili* 144
Antipasti
Conchiglie Tricolore "Antipasto di Verdure e Branzino" *Wolfsbarsch, Antipasti-Gemüse* 154
Artischocken
Penne Rigate "Carciofi e Finocchio" *Artischocken, Fenchel, Zwiebeln, Rosmarin* 31
Aubergine
Conchiglie Tricolore "Melanzane e Tonno" *Tomaten, Aubergine, Oregano, Thunfisch, Ricotta* 161
Lasagne "Verdure" *Aubergine, Zucchini, Karotten, Sellerie* 98
Avocado
Tagliatelle "Avocado" *Avocado, Basilikum, Petersilie, Chili, Speck* 39

B

Basilikum
Casarecce "Pesto alla Genovese" *Basilikumpesto, Kartoffeln, grüne Bohnen* 90
Casarecce "Pesto di Basilico e Peperoncino" *Basilikum-Chili-Pesto* 84
Fusilli "Salsa Fresca" *frische Tomaten, Büffelmozarella, Basilikum* 32
Tagliatelle "Pollo Primavera" *Hähnchen, Zucchini, Frühlingszwiebeln, Chili, Basilikum* 63
Béchamelsauce
Lasagne "Al Forno" *Sauce Bolognese, Béchamelsauce, Parmesan* 136
Bohnen
Casarecce "Pesto alla Genovese" *Basilikumpesto, Kartoffeln, grüne Bohnen* 90
Lasagnette "Salsa di Fagioli" *Tomaten, weiße Bohnen, Zwiebeln, Speck, Oregano* 53
Penne Rigate "Patate e Fagioli" *neue Kartoffeln, Saubohnen, grüne Bohnen* 36
Brennnessel
Fidelini Corti "Ortica" *Brennnessel, Walnüsse, Ziegenfrischkäse* 88
Büffelmozzarella
Fusilli "Salsa Fresca" *frische Tomaten, Büffelmozarella, Basilikum* 32
Butter
Lasagnette "Burro di Salvia" *Salbei, Butter, Parmesan* 81

C

Calamaretti
Tagliatelle "Frutti di Mare" *Scampi, Miesmuscheln, Calamaretti, Fenchel, Tomaten* 162
Chili
Casarecce "Diavolo" *Tomaten, Zwiebeln, Sellerie, Chili, Oliven* 50
Casarecce "Pesto di Basilico e Peperoncino" *Basilikum-Chili-Pesto* 84
Ditalini Lisci "Straccetti" *Rinderfilet, Rucola, Chili, Ziegenfrischkäse* 120
Fettuccine "Gamberi e Peperoncino" *Scampi, Algen, Chili* 144
Fettuccine "Manzo e Rucola" *Rind, Rucola, Chili* 64
Lasagnette "Aglio e Peperoncino" *Knoblauch, Chili, Petersilie* 14
Penne Rigate "Arrabbiata" *Tomatensugo, Chili, Kräuter, Parmesan* 111
Spaghetti "Puttanesca" *Tomaten, Sardellen, Kapern, Knoblauch, Chili, Oliven* 42
Tagliatelle "Avocado" *Avocado, Basilikum, Petersilie, Chili, Speck* 39
Tagliatelle "Pollo Primavera" *Hähnchen, Zucchini, Frühlingszwiebeln, Chili, Basilikum* 63

D

Dorade
"Zuppa di Pesce del Mediterraneo" con Fidelini Corti" *Muscheln, Scampi, Wolfsbarsch, Dorade, Gemüse* 168
Lumache Rigate "Orata Piccante" *Dorade, Tomaten, Knoblauch, Oliven* 180
Lumache Rigate "Radicchio e Orata" *Dorade, Radicchio, Zwiebeln* 152

E **Ei**
Lumache Rigate "Uova Fritte e Pancetta" *Tomaten, Zwiebeln, Speck, Rosmarin, Spiegelei* 106
Spaghetti "Piccata Milanese" *Kalbsschnitzel, Parmesan, Ei, Kräuter, Tomaten* 126

F **Fenchel**
Fettuccine "Salsicce" *Salsicce, Fenchel, Orange* 119
Penne Rigate "Carciofi e Finocchio" *Artischocken, Fenchel, Zwiebeln, Rosmarin* 31
Tagliatelle "Frutti di Mare" *Scampi, Miesmuscheln, Calamaretti, Fenchel, Tomaten* 162
Fisch und Meeresfrüchte
"Zuppa di Pesce del Mediterraneo" con Fidelini Corti" *Muscheln, Scampi, Wolfsbarsch, Dorade, Gemüse* 168
Conchiglie Tricolore "Antipasto di Verdure e Branzino" *Wolfsbarsch, Antipasti-Gemüse* 154
Fettuccine "Cannolicchi" *Schwertmuscheln, Mangold* 174
Fettuccine "Gamberi e Peperoncino" *Scampi, Algen, Chili* 144
Lasagnette "Menta" *Minze, Scampi, Pinienkerne* 146
Lasagnette "Timo e Granchio" *Tomaten, Zwiebeln, Thymian, Krebsfleisch* 149
Lumache Rigate "Orata Piccante" *Dorade, Tomaten, Knoblauch, Oliven* 180
Lumache Rigate "Radicchio e Orata" *Dorade, Radicchio, Zwiebeln* 152
Penne Rigate "Calamari all'Arancia" *Kalmare, Rosmarin, Orangen* 173
Spaghetti "Cozze e Zafferano" *Miesmuscheln, Safran, Wurzelgemüse* 176
Spaghetti "Scampi" *Kaisergranate, Petersilie, Knoblauch* 171
Spaghetti "Sugo agli Scampi" *Tomaten, Zwiebeln, Scampi, Knoblauch, Sellerie* 159
Spaghetti "Vongole" *Venusmuscheln, Zitrone, Petersilie* 184
Tagliatelle "Frutti di Mare" *Scampi, Miesmuscheln, Calamaretti, Fenchel, Tomaten* 162
Fleisch
Ditalini Lisci "Brasato" *Schmorbraten, Wurzelgemüse, Zitrone, Sahne* 138
Ditalini Lisci "Saltimbocca" *Kalbsschnitzel, Speck, Salbei, Zitrone* 131
Ditalini Lisci "Straccetti" *Rinderfilet, Rucola, Chili, Ziegenfrischkäse* 120
Fettuccine "Affumicato" *Haselnuss-Rucola-Pesto, getrocknete Tomaten, geräuchertes Hähnchen* 75
Fettuccine "Manzo e Rucola" *Rind, Rucola, Chili* 64
Fusillini "Manzo Trevisiano" *Rinderfilet, Radicchio Trevisiano, Saubohnen, Zwiebeln* 123
Lasagne "Al Forno" *Sauce Bolognese, Béchamelsauce, Parmesan* 136
Lasagnette "Vitello e Funghi" *Kalbsfilet, Steinpilze, Frühlingszwiebeln, Sahne* 135
Lasagnette "Vitello Tonnato" *Kalbsfilet, Thunfisch, Kapern, Sahne* 125
Lumache Rigate "Pollo al Limone" *Zitronenhuhn, Stangensellerie, Pfeffer* 116
Penne Rigate "Maiale" *Schweinefilet, Pecorino, Speck, Rucola* 129
Spaghetti "Bolognese" *Fleischsugo, Kräuter, Parmesan* 108
Spaghetti "Piccata Milanese" *Kalbsschnitzel, Parmesan, Ei, Kräuter, Tomaten* 126
Tagliatelle "Pollo Primavera" *Hähnchen, Zucchini, Frühlingszwiebeln, Chili, Basilikum* 63
Frühlingszwiebeln
Lasagnette "Vitello e Funghi" *Kalbsfilet, Steinpilze, Frühlingszwiebeln, Sahne* 135
Penne Rigate "Carbonara" *gerösteter Speck, Zwiebeln, Sahne, Parmesan, Frühlingszwiebeln* 112
Tagliatelle "Boscaiola" *Pancetta, Steinpilze, Frühlingszwiebeln, Sahne, Petersilie* 45
Tagliatelle "Pollo Primavera" *Hähnchen, Zucchini, Frühlingszwiebeln, Chili, Basilikum* 63

G **Gemüse**
"Zuppa di Pesce del Mediterraneo" con Fidelini Corti" *Muscheln, Scampi, Wolfsbarsch, Dorade, Gemüse* 168
Conchiglie Tricolore "Antipasto di Verdure e Branzino" *Wolfsbarsch, Antipasti-Gemüse* 154
Minestrone "Incantesimo" *Gemüse, Petersilie, Tomaten* 26
Gorgonzola
Tagliatelle "Quattro Formaggi" *Ricotta, Parmesan, Pecorino, Gorgonzola* 102

H **Hähnchen**
Fettuccine "Affumicato" *Haselnuss-Rucola-Pesto, getrocknete Tomaten, geräuchertes Hähnchen* 75
Lumache Rigate "Pollo al Limone" *Zitronenhuhn, Stangensellerie, Pfeffer* 116
Tagliatelle "Pollo Primavera" *Hähnchen, Zucchini, Frühlingszwiebeln, Chili, Basilikum* 63
Haselnuss
Ditalini Lisci "Pesto di Salvia e Nocciole" *Salbei-Nuss-Pesto* 23
Fettuccine "Affumicato" *Haselnuss-Rucola-Pesto, getrocknete Tomaten, geräuchertes Hähnchen* 75

K **Kaisergranat**
Spaghetti "Scampi" *Kaisergranate, Petersilie, Knoblauch* 171
Kalb
Ditalini Lisci "Saltimbocca" *Kalbsschnitzel, Speck, Salbei, Zitrone* 131
Lasagnette "Vitello e Funghi" *Kalbsfilet, Steinpilze, Frühlingszwiebeln, Sahne* 135
Lasagnette "Vitello Tonnato" *Kalbsfilet, Thunfisch, Kapern, Sahne* 125
Spaghetti "Piccata Milanese" *Kalbsschnitzel, Parmesan, Ei, Kräuter, Tomaten* 126
Kalmar
Penne Rigate "Calamari all'Arancia" *Kalmare, Rosmarin, Orangen* 173
Tagliatelle "Frutti di Mare" *Scampi, Miesmuscheln, Calamaretti, Fenchel, Tomaten* 162
Kapern
Ciuffi d´angelo "Pomodoro e Alici" *Sardellen, Kapern, Petersilie, Sellerie, Tomaten* 165
Fusillini "Salsa di Cipolle" *Tomaten, Balsamico-Zwiebeln, Thymian, Kapern* 54
Lasagnette "Vitello Tonnato" *Kalbsfilet, Thunfisch, Kapern, Sahne* 125
Spaghetti "Puttanesca" *Tomaten, Sardellen, Kapern, Knoblauch, Chili, Oliven* 42
Karotten
Lasagne "Verdure" *Aubergine, Zucchini, Karotten, Sellerie* 98
Kartoffeln
Casarecce "Pesto alla Genovese" *Basilikumpesto, Kartoffeln, grüne Bohnen* 90

Penne Rigate "Patate e Fagioli" *neue Kartoffeln, Saubohnen, grüne Bohnen* 36

Knoblauch

Casarecce "Peperoni Grigliati e Ricotta" *gegrillte Paprika, Knoblauch, Pinienkerne, Ricotta* 35

Lasagnette "Aglio e Peperoncino" *Knoblauch, Chili, Petersilie* 14

Lumache Rigate "Orata Piccante" *Dorade, Tomaten, Knoblauch, Oliven* 180

Penne Rigate "Pesto di Prezzemolo e Limone" *Petersilien-Zitronen-Pesto, Knoblauch* 19

Penne Rigate "Pomodoro e Rucola" *frische Tomaten, Rucola, Mozzarella, Pinienkerne, Knoblauch* 41

Spaghetti "Pomodoro" *Tomaten, Knoblauch, Zwiebeln, Petersilie* 57

Spaghetti "Prezzemolo" *Petersilie, Knoblauch, Zitronenschale* 17

Spaghetti "Puttanesca" *Tomaten, Sardellen, Kapern, Knoblauch, Chili, Oliven* 42

Spaghetti "Scampi" *Kaisergranate, Petersilie, Knoblauch* 171

Spaghetti "Sugo agli Scampi" *Tomaten, Zwiebeln, Scampi, Knoblauch, Sellerie* 159

Kräuter

Cannelloni "Spinaci e Ricotta" *frischer Spinat, Tomaten, Ricotta, Parmesan, Kräuter* 95

Ganzetti Rigati "Colline" *Speck, Zwiebeln, Pfeffer, Kräuter* 60

Penne Rigate "Arrabbiata" *Tomatensugo, Chili, Kräuter, Parmesan* 111

Spaghetti "Bolognese" *Fleischsugo, Kräuter, Parmesan* 108

Spaghetti "Piccata Milanese" *Kalbsschnitzel, Parmesan, Ei, Kräuter, Tomaten* 126

Spaghetti "Pomodoro e Caprino" *Tomaten, Zwiebeln, Kräuter, frischer Ziegenkäse* 97

Krebsfleisch

Lasagnette "Timo e Granchio" *Tomaten, Zwiebeln, Thymian, Krebsfleisch* 149

L

Lauch

Tagliatelle "Lardo e Rosmarino" *Speck, Lauch, Pecorino, Rosmarin* 132

Limette

Ditalini Lisci "Bistecca di Tonno" *Thunfisch, Algen, Limette* 179

M

Mangold

Fettuccine "Cannolicchi" *Schwertmuscheln, Mangold* 174

Fettuccine "Pomodoro e Bietola" *Zwiebeln, Tomaten, Mangold* 48

Miesmuscheln

Spaghetti "Cozze e Zafferano" *Miesmuscheln, Safran, Wurzelgemüse* 176

Tagliatelle "Frutti di Mare" *Scampi, Miesmuscheln, Calamaretti, Fenchel, Tomaten* 162

Minze

Fusilli "Salsa Fresca" *frische Tomaten, Büffelmozarella, Basilikum* 32

Lasagnette "Menta" *Minze, Scampi, Pinienkerne* 146

Mozzarella

Penne Rigate "Pomodoro e Rucola" *frische Tomaten, Rucola, Mozzarella, Pinienkerne, Knoblauch* 41

Muscheln

"Zuppa di Pesce del Mediterraneo" con Fidelini Corti" *Muscheln, Scampi, Wolfsbarsch, Dorade, Gemüse* 168

Fettuccine "Cannolicchi" *Schwertmuscheln, Mangold* 174

Spaghetti "Cozze e Zafferano" *Miesmuscheln, Safran, Wurzelgemüse* 176

Spaghetti "Vongole" *Venusmuscheln, Zitrone, Petersilie* 184

Tagliatelle "Frutti di Mare" *Scampi, Miesmuscheln, Calamaretti, Fenchel, Tomaten* 162

O

Öl

Casarecce "Rucola e Limone" *Zitrone, Rucola, Pecorino* 76

Ciuffi d'angelo "Tartufo" *Trüffel, Weißwein, Sahne* 79

Fettuccine "Affumicato" *Haselnuss-Rucola-Pesto, getrocknete Tomaten, geräuchertes Hähnchen* 75

Fettuccine "Gamberi e Peperoncino" *Scampi, Algen, Chili* 144

Fettuccine "Rustico" *Rote Zwiebeln, Speck, Petersilie* 72

Lasagnette "Aglio e Peperoncino" *Knoblauch, Chili, Petersilie* 14

Oliven

Casarecce "Diavolo" *Tomaten, Zwiebeln, Sellerie, Chili, Oliven* 50

Lumache Rigate "Orata Piccante" *Dorade, Tomaten, Knoblauch, Oliven* 180

Spaghetti "Puttanesca" *Tomaten, Sardellen, Kapern, Knoblauch, Chili, Oliven* 42

Orange

Fettuccine "Salsicce" *Salsicce, Fenchel, Orange* 119

Penne Rigate "Calamari all'Arancia" *Kalmare, Rosmarin, Orangen* 173

Oregano

Conchiglie Tricolore "Melanzane e Tonno" *Tomaten, Aubergine, Oregano, Thunfisch, Ricotta* 161

Lasagnette "Salsa di Fagioli" *Tomaten, weiße Bohnen, Zwiebeln, Speck, Oregano* 53

Penne Rigate "Pesto di Origano e Pecorino" *Oregano-Schafskäse-Pesto* 87

P

Pancetta

Tagliatelle "Boscaiola" *Pancetta, Steinpilze, Frühlingszwiebeln, Sahne, Petersilie* 45

Paprika, gegrillte

Casarecce "Peperoni Grigliati e Ricotta" *gegrillte Paprika, Knoblauch, Pinienkerne, Ricotta* 35

Parmesan

Cannelloni "Spinaci e Ricotta" *frischer Spinat, Tomaten, Ricotta, Parmesan, Kräuter* 95

Lasagne "Al Forno" *Sauce Bolognese, Béchamelsauce, Parmesan* 136

Lasagnette "Burro di Salvia" *Salbei, Butter, Parmesan* 81

Penne Rigate "Arrabbiata" *Tomatensugo, Chili, Kräuter, Parmesan* 111

Penne Rigate "Carbonara" *gerösteter Speck, Zwiebeln, Sahne, Parmesan, Frühlingszwiebeln* 112

Spaghetti "Bolognese" *Fleischsugo, Kräuter, Parmesan* 108

Spaghetti "Piccata Milanese" *Kalbsschnitzel, Parmesan, Ei, Kräuter, Tomaten* 126

Tagliatelle "Quattro Formaggi" *Ricotta, Parmesan, Pecorino, Gorgonzola* 102

Pecorino

Casarecce "Rucola e Limone" *Zitrone, Rucola, Pecorino* 76

Fettuccine "Rucola e Pepe Rosa" *Rucola, rosa Pfeffer, Pecorino* 20

Penne Rigate "Maiale" *Schweinefilet, Pecorino, Speck, Rucola* 129

Tagliatelle "Lardo e Rosmarino" *Speck, Lauch, Pecorino, Rosmarin* 132
Tagliatelle "Quattro Formaggi" *Ricotta, Parmesan, Pecorino, Gorgonzola* 102

Pesto

Casarecce "Pesto di Basilico e Peperoncino" *Basilikum-Chili-Pesto* 84
Ditalini Lisci "Pesto di Salvia e Nocciole" *Salbei-Nuss-Pesto* 23
Fettuccine "Affumicato" *Haselnuss-Rucola-Pesto, getrocknete Tomaten, geräuchertes Hähnchen* 75
Fusilli "Pesto di Rosmarino" *Rosmarin-Pesto* 82
Penne Rigate "Pesto di Origano e Pecorino" *Oregano-Schafskäse-Pesto* 87
Penne Rigate "Pesto di Prezzemolo e Limone" *Petersilien-Zitronen-Pesto, Knoblauch* 19

Petersilie

Ciuffi d´angelo "Pomodoro e Alici" *Sardellen, Kapern, Petersilie, Sellerie, Tomaten* 165
Fettuccine "Rustico" *Rote Zwiebeln, Speck, Petersilie* 72
Fettuccine "Zucchine" *geröstete Zucchini, frische Tomaten, Petersilie und Zwiebeln* 28
Lasagnette "Aglio e Peperoncino" *Knoblauch, Chili, Petersilie* 14
Minestrone "Incantesimo" *Gemüse, Petersilie, Tomaten* 26
Penne Rigate "Amatriciana" *Tomaten, Zwiebeln, Speck, Petersilie* 66
Penne Rigate "Funghi" *Tomaten, Zwiebeln, Pilze, Petersilie* 105
Penne Rigate "Pesto di Prezzemolo e Limone" *Petersilien-Zitronen-Pesto, Knoblauch* 19
Spaghetti "Pomodoro" *Tomaten, Knoblauch, Zwiebeln, Petersilie* 57
Spaghetti "Prezzemolo" *Petersilie, Knoblauch, Zitronenschale* 17
Spaghetti "Scampi" *Kaisergranate, Petersilie, Knoblauch* 171
Spaghetti "Vongole" *Venusmuscheln, Zitrone, Petersilie* 184
Tagliatelle "Avocado" *Avocado, Basilikum, Petersilie, Chili, Speck* 39
Tagliatelle "Boscaiola" *Pancetta, Steinpilze, Frühlingszwiebeln, Sahne, Petersilie* 45

Pfeffer

Ganzetti Rigati "Colline" *Speck, Zwiebeln, Pfeffer, Kräuter* 60
Lumache Rigate "Pollo al Limone" *Zitronenhuhn, Stangensellerie, Pfeffer* 116

Pilze

Penne Rigate "Funghi" *Tomaten, Zwiebeln, Pilze, Petersilie* 105

Pinienkerne

Casarecce "Peperoni Grigliati e Ricotta" *gegrillte Paprika, Knoblauch, Pinienkerne, Ricotta* 35
Lasagnette "Menta" *Minze, Scampi, Pinienkerne* 146
Penne Rigate "Pomodoro e Rucola" *frische Tomaten, Rucola, Mozzarella, Pinienkerne, Knoblauch* 41

R Radicchio

Fusillini "Manzo Trevisiano" *Rinderfilet, Radicchio Trevisiano, Saubohnen, Zwiebeln* 123
Lumache Rigate "Radicchio e Orata" *Dorade, Radicchio, Zwiebeln* 152

Ricotta

Cannelloni "Spinaci e Ricotta" *frischer Spinat, Tomaten, Ricotta, Parmesan, Kräuter* 95
Conchiglie Tricolore "Melanzane e Tonno" *Tomaten, Aubergine, Oregano, Thunfisch, Ricotta* 161
Tagliatelle "Quattro Formaggi" *Ricotta, Parmesan, Pecorino, Gorgonzola* 102

Rind

Ditalini Lisci "Straccetti" *Rinderfilet, Rucola, Chili, Ziegenfrischkäse* 120
Fettuccine "Manzo e Rucola" *Rind, Rucola, Chili* 64
Fusillini "Manzo Trevisiano" *Rinderfilet, Radicchio Trevisiano, Saubohnen, Zwiebeln* 123

rosa Pfeffer

Fettuccine "Rucola e Pepe Rosa" *Rucola, rosa Pfeffer, Pecorino* 20

Rosmarin

Fusilli "Pesto di Rosmarino" *Rosmarin-Pesto* 82
Lumache Rigate "Uova Fritte e Pancetta" *Tomaten, Zwiebeln, Speck, Rosmarin, Spiegelei* 106
Penne Rigate "Calamari all'Arancia" *Kalmare, Rosmarin, Orangen* 173
Penne Rigate "Carciofi e Finocchio" *Artischocken, Fenchel, Zwiebeln, Rosmarin* 31
Tagliatelle "Lardo e Rosmarino" *Speck, Lauch, Pecorino, Rosmarin* 132

Rucola

Casarecce "Rucola e Limone" *Zitrone, Rucola, Pecorino* 76
Ditalini Lisci "Straccetti" *Rinderfilet, Rucola, Chili, Ziegenfrischkäse* 120
Fettuccine "Affumicato" *Haselnuss-Rucola-Pesto, getrocknete Tomaten, geräuchertes Hähnchen* 75
Fettuccine "Manzo e Rucola" *Rind, Rucola, Chili* 64
Fettuccine "Rucola e Pepe Rosa" *Rucola, rosa Pfeffer, Pecorino* 20
Penne Rigate "Maiale" *Schweinefilet, Pecorino, Speck, Rucola* 129
Penne Rigate "Pomodoro e Rucola" *frische Tomaten, Rucola, Mozzarella, Pinienkerne, Knoblauch* 41

S Safran

Spaghetti "Cozze e Zafferano" *Miesmuscheln, Safran, Wurzelgemüse* 176

Sahne

Ciuffi d'angelo "Tartufo" *Trüffel, Weißwein, Sahne* 79
Ditalini Lisci "Brasato" *Schmorbraten, Wurzelgemüse, Zitrone, Sahne* 138
Lasagnette "Vitello e Funghi" *Kalbsfilet, Steinpilze, Frühlingszwiebeln, Sahne* 135
Lasagnette "Vitello Tonnato" *Kalbsfilet, Thunfisch, Kapern, Sahne* 125
Penne Rigate "Carbonara" *gerösteter Speck, Zwiebeln, Sahne, Parmesan, Frühlingszwiebeln* 112
Tagliatelle "Boscaiola" *Pancetta, Steinpilze, Frühlingszwiebeln, Sahne, Petersilie* 45

Salbei

Ditalini Lisci "Pesto di Salvia e Nocciole" *Salbei-Nuss-Pesto* 23
Ditalini Lisci "Saltimbocca" *Kalbsschnitzel, Speck, Salbei, Zitrone* 131
Lasagnette "Burro di Salvia" *Salbei, Butter, Parmesan* 81

Salsicce

Fettuccine "Salsicce" *Salsicce, Fenchel, Orange* 119

Sardellen
Ciuffi d´angelo "Pomodoro e Alici" *Sardellen, Kapern, Petersilie, Sellerie, Tomaten* 165
Spaghetti "Puttanesca" *Tomaten, Sardellen, Kapern, Knoblauch, Chili, Oliven* 42
Saubohnen
Fusillini "Manzo Trevisiano" *Rinderfilet, Radicchio Trevisiano, Saubohnen, Zwiebeln* 123
Penne Rigate "Patate e Fagioli" *neue Kartoffeln, Saubohnen, grüne Bohnen* 36
Scampi
"Zuppa di Pesce del Mediterraneo" con Fidelini Corti" *Muscheln, Scampi, Wolfsbarsch, Dorade, Gemüse* 168
Fettuccine "Gamberi e Peperoncino" *Scampi, Algen, Chili* 144
Lasagnette "Menta" *Minze, Scampi, Pinienkerne* 146
Spaghetti "Scampi" *Kaisergranate, Petersilie, Knoblauch* 171
Spaghetti "Sugo agli Scampi" *Tomaten, Zwiebeln, Scampi, Knoblauch, Sellerie* 159
Tagliatelle "Frutti di Mare" *Scampi, Miesmuscheln, Calamaretti, Fenchel, Tomaten* 162
Schafskäse
Penne Rigate "Pesto di Origano e Pecorino" *Oregano-Schafskäse-Pesto* 87
Schmorbraten
Ditalini Lisci "Brasato" *Schmorbraten, Wurzelgemüse, Zitrone, Sahne* 138
Schwein
Penne Rigate "Maiale" *Schweinefilet, Pecorino, Speck, Rucola* 129
Schwertmuscheln
Fettuccine "Cannolicchi" *Schwertmuscheln, Mangold* 174
Sellerie
Casarecce "Diavolo" *Tomaten, Zwiebeln, Sellerie, Chili, Oliven* 50
Ciuffi d´angelo "Pomodoro e Alici" *Sardellen, Kapern, Petersilie, Sellerie, Tomaten* 165
Lasagne "Verdure" *Aubergine, Zucchini, Karotten, Sellerie* 98
Lumache Rigate "Pollo al Limone" *Zitronenhuhn, Stangensellerie, Pfeffer* 116
Spaghetti "Sugo agli Scampi" *Tomaten, Zwiebeln, Scampi, Knoblauch, Sellerie* 159
Speck
Ditalini Lisci "Saltimbocca" *Kalbsschnitzel, Speck, Salbei, Zitrone* 131
Fettuccine "Rustico" *Rote Zwiebeln, Speck, Petersilie* 72
Ganzetti Rigati "Colline" *Speck, Zwiebeln, Pfeffer, Kräuter* 60
Lasagnette "Salsa di Fagioli" *Tomaten, weiße Bohnen, Zwiebeln, Speck, Oregano* 53
Lumache Rigate "Uova Fritte e Pancetta" *Tomaten, Zwiebeln, Speck, Rosmarin, Spiegelei* 106
Penne Rigate "Amatriciana" *Tomaten, Zwiebeln, Speck, Petersilie* 66
Penne Rigate "Carbonara" *gerösteter Speck, Zwiebeln, Sahne, Parmesan, Frühlingszwiebeln* 112
Penne Rigate "Maiale" *Schweinefilet, Pecorino, Speck, Rucola* 129
Tagliatelle "Avocado" *Avocado, Basilikum, Petersilie, Chili, Speck* 39
Tagliatelle "Lardo e Rosmarino" *Speck, Lauch, Pecorino, Rosmarin* 132
Spiegelei
Lumache Rigate "Uova Fritte e Pancetta" *Tomaten, Zwiebeln, Speck, Rosmarin, Spiegelei* 106
Spinat
Cannelloni "Spinaci e Ricotta" *frischer Spinat, Tomaten, Ricotta, Parmesan, Kräuter* 95
Steinpilze
Lasagnette "Vitello e Funghi" *Kalbsfilet, Steinpilze, Frühlingszwiebeln, Sahne* 135
Tagliatelle "Boscaiola" *Pancetta, Steinpilze, Frühlingszwiebeln, Sahne, Petersilie* 45
Sugo
Casarecce "Diavolo" *Tomaten, Zwiebeln, Sellerie, Chili, Oliven* 50
Ciuffi d´angelo "Pomodoro e Alici" *Sardellen, Kapern, Petersilie, Sellerie, Tomaten* 165
Conchiglie Tricolore "Melanzane e Tonno" *Tomaten, Aubergine, Oregano, Thunfisch, Ricotta* 161
Fettuccine "Pomodoro e Bietola" *Zwiebeln, Tomaten, Mangold* 48
Fusillini "Salsa di Cipolle" *Tomaten, Balsamico-Zwiebeln, Thymian, Kapern* 54
Lasagnette "Salsa di Fagioli" *Tomaten, weiße Bohnen, Zwiebeln, Speck, Oregano* 53
Lumache Rigate "Uova Fritte e Pancetta" *Tomaten, Zwiebeln, Speck, Rosmarin, Spiegelei* 106
Penne Rigate "Arrabbiata" *Tomatensugo, Chili, Kräuter, Parmesan* 111
Penne Rigate "Carbonara" *gerösteter Speck, Zwiebeln, Sahne, Parmesan, Frühlingszwiebeln* 112
Penne Rigate "Funghi" *Tomaten, Zwiebeln, Pilze, Petersilie* 105
Spaghetti "Bolognese" *Fleischsugo, Kräuter, Parmesan* 108
Spaghetti "Pomodoro" *Tomaten, Knoblauch, Zwiebeln, Petersilie* 57
Spaghetti "Sugo agli Scampi" *Tomaten, Zwiebeln, Scampi, Knoblauch, Sellerie* 159
Tagliatelle "Frutti di Mare" *Scampi, Miesmuscheln, Calamaretti, Fenchel, Tomaten* 162
Tagliatelle "Quattro Formaggi" *Ricotta, Parmesan, Pecorino, Gorgonzola* 102
Suppen
"Zuppa di Pesce del Mediterraneo" con Fidelini Corti" *Muscheln, Scampi, Wolfsbarsch, Dorade, Gemüse* 168
Minestrone "Incantesimo" *Gemüse, Petersilie, Tomaten* 26

T **Thunfisch**
Conchiglie Tricolore "Melanzane e Tonno" *Tomaten, Aubergine, Oregano, Thunfisch, Ricotta* 161
Ditalini Lisci "Bistecca di Tonno" *Thunfisch, Algen, Limette* 179
Lasagnette "Vitello Tonnato" *Kalbsfilet, Thunfisch, Kapern, Sahne* 125
Thymian
Fusillini "Salsa di Cipolle" *Tomaten, Balsamico-Zwiebeln, Thymian, Kapern* 54
Lasagnette "Timo e Granchio" *Tomaten, Zwiebeln, Thymian, Krebsfleisch* 149
Tomaten
Cannelloni "Spinaci e Ricotta" *frischer Spinat, Tomaten, Ricotta, Parmesan, Kräuter* 95
Casarecce "Diavolo" Tomaten, Zwiebeln, Sellerie, Chili, Oliven 50
Ciuffi d´angelo "Pomodoro e Alici" *Sardellen, Kapern, Petersilie, Sellerie, Tomaten* 165
Conchiglie Tricolore "Melanzane e Tonno" *Tomaten, Aubergine, Oregano, Thunfisch, Ricotta* 161
Fettuccine "Affumicato" *Haselnuss-Rucola-Pesto, getrocknete Tomaten, geräuchertes Hähnchen* 75

Soweit nicht anders angegeben sind die Rezepte auf 4 Personen ausgelegt.

Herausgeber
Gunz Warenhandels GmbH
Im Hau 23
6841 Mäder
Österreich
Telefon: +43 (0)5523 / 63636
Telefax: +43 (0)5523 / 63636-81122
E-Mail: office@gunz.cc
www.gunz.cc

Projektentwicklung
Thomas Nehm, Antdorf

Idee, Rezeptentwicklung und Foodstyling
Michael Ritter, Dornbirn, Österreich

Konzeption, Redaktion und Text
Carmen Nehm, Antdorf

Fotografie
Michael Gunz, Götzis, Österreich
www.michaelgunz.at

Fotolia
auf den Seiten 12 rechts oben (© Mi.Ti.), 46 (© Liane M.), 70 oben (© Mi.Ti.), 71 unten (© bessarab), 100 (© pterwort), 140/141 (© Bruder Jakob), 142 oben (© Eva Gruendemann), 142 unten (©SaterialeR.M.), 143 oben (© Mi.Ti.) und unten (© Tom Bayer), 151 (© hs-creator) und 166 (© fotoping)
istockphoto
auf den Seiten 2/3 (© Deejpilot), 4 (© vm), 10/11 (© melki 76), 12 links unten (© peeterv), 13 oben (© Romaoslo) und unten (© pennabianca), 24 (© zulufried), 25 (© Angelafoto), 47 (© Ary 6), 58 (© accaelle), 59 (© peeterv), 68/69 (© maxphotography), 70 unten links (© double_p) und unten rechts (© MilloBixo), 71 oben (© mammuth), 92 (© double_p), 93 (© t.- lorien), 101 (© fotofojanini), 114 (© spooh), 115 (© claudio. arnese), 150 (© Simmisimons), 156 (© Brett Charlton), 157 (© Xenotar), 167 (© spooh) und 184/185 (© Sea Temple)

Gestaltung und Satz
Schneider Visuelle Kommunikation, Frankfurt am Main

Lektorat
Vanessa Herget, Neustadt an der Weinstraße

Herstellung
Janine Becker, Neustadt an der Weinstraße

Reproduktion
posi.tiff Dienstleistungen GmbH, Gerda Günther, Frankfurt am Main

Druck
NINO Druck GmbH, Neustadt an der Weinstraße

Printed in Germany
ISBN: 978-3-86528-774-8

Besuchen Sie uns im Internet
www.umschau-buchverlag.de

Wir danken Piacelli für die Logistik und fachliche Beratung.

Pasta und verwandte Produkte unter:

www.piacelli.cc

Wir danken der Kochagentur und den Haubenköchen Helmut Feuerlein, Fabian Marte, Wolfgang Ponier und Michael Ritter für Raum, Zeit und Engagement.

Fettuccine "Pomodoro e Bietola" *Zwiebeln, Tomaten, Mangold* 48
Fettuccine "Zucchine" *geröstete Zucchini, frische Tomaten, Petersilie und Zwiebeln* 28
Fusilli "Salsa Fresca" *frische Tomaten, Büffelmozarella, Basilikum* 32
Fusillini "Salsa di Cipolle" *Tomaten, Balsamico-Zwiebeln, Thymian, Kapern* 54
Lasagnette "Salsa di Fagioli" *Tomaten, weiße Bohnen, Zwiebeln, Speck, Oregano* 53
Lasagnette "Timo e Granchio" *Tomaten, Zwiebeln, Thymian, Krebsfleisch* 149
Lumache Rigate "Orata Piccante" *Dorade, Tomaten, Knoblauch, Oliven* 180
Lumache Rigate "Uova Fritte e Pancetta" *Tomaten, Zwiebeln, Speck, Rosmarin, Spiegelei* 106
Minestrone "Incantesimo" *Gemüse, Petersilie, Tomaten* 26
Penne Rigate "Amatriciana" *Tomaten, Zwiebeln, Speck, Petersilie* 66
Penne Rigate "Arrabbiata" *Tomatensugo, Chili, Kräuter, Parmesan* 111
Penne Rigate "Funghi" *Tomaten, Zwiebeln, Pilze, Petersilie* 105
Penne Rigate "Pomodoro e Rucola" *frische Tomaten, Rucola, Mozzarella, Pinienkerne, Knoblauch* 41
Spaghetti "Piccata Milanese" *Kalbsschnitzel, Parmesan, Ei, Kräuter, Tomaten* 126
Spaghetti "Pomodoro e Caprino" *Tomaten, Zwiebeln, Kräuter, frischer Ziegenkäse* 97
Spaghetti "Pomodoro" *Tomaten, Knoblauch, Zwiebeln, Petersilie* 57
Spaghetti "Puttanesca" *Tomaten, Sardellen, Kapern, Knoblauch, Chili, Oliven* 42
Spaghetti "Sugo agli Scampi" *Tomaten, Zwiebeln, Scampi, Knoblauch, Sellerie* 159
Tagliatelle "Frutti di Mare" *Scampi, Miesmuscheln, Calamaretti, Fenchel, Tomaten* 162

Trüffel

Ciuffi d'angelo "Tartufo" *Trüffel, Weißwein, Sahne* 79

V

Venusmuscheln

Spaghetti "Vongole" *Venusmuscheln, Zitrone, Petersilie* 184

W

Walnüsse

Ditalini Lisci "Pesto di Salvia e Nocciole" *Salbei-Nuss-Pesto* 23
Fidelini Corti "Ortica" *Brennnessel, Walnüsse, Ziegenfrischkäse* 88

Weißwein

Ciuffi d'angelo "Tartufo" *Trüffel, Weißwein, Sahne* 79

Wolfsbarsch

"Zuppa di Pesce del Mediterraneo" con Fidelini Corti" *Muscheln, Scampi, Wolfsbarsch, Dorade, Gemüse* 168
Conchiglie Tricolore "Antipasto di Verdure e Branzino" *Wolfsbarsch, Antipasti-Gemüse* 154

Wurzelgemüse

Ditalini Lisci "Brasato" *Schmorbraten, Wurzelgemüse, Zitrone, Sahne* 138
Spaghetti "Cozze e Zafferano" *Miesmuscheln, Safran, Wurzelgemüse* 176

Z

Ziegenkäse

Ditalini Lisci "Straccetti" *Rinderfilet, Rucola, Chili, Ziegenfrischkäse* 120
Fidelini Corti "Ortica" *Brennnessel, Walnüsse, Ziegenfrischkäse* 88
Spaghetti "Pomodoro e Caprino" *Tomaten, Zwiebeln, Kräuter, frischer Ziegenkäse* 97

Zitrone

Casarecce "Rucola e Limone" *Zitrone, Rucola, Pecorino* 76
Ditalini Lisci "Brasato" *Schmorbraten, Wurzelgemüse, Zitrone, Sahne* 138
Ditalini Lisci "Saltimbocca" *Kalbsschnitzel, Speck, Salbei, Zitrone* 131
Lumache Rigate "Pollo al Limone" *Zitronenhuhn, Stangensellerie, Pfeffer* 116
Penne Rigate "Pesto di Prezzemolo e Limone" *Petersilien-Zitronen-Pesto, Knoblauch* 19
Spaghetti "Prezzemolo" *Petersilie, Knoblauch, Zitronenschale* 17
Spaghetti "Vongole" *Venusmuscheln, Zitrone, Petersilie* 184

Zucchini

Lasagne "Verdure" *Aubergine, Zucchini, Karotten, Sellerie* 98
Tagliatelle "Pollo Primavera" *Hähnchen, Zucchini, Frühlingszwiebeln, Chili, Basilikum* 63

Zwiebeln

Casarecce "Diavolo" *Tomaten, Zwiebeln, Sellerie, Chili, Oliven* 50
Fettuccine "Pomodoro e Bietola" *Zwiebeln, Tomaten, Mangold* 48
Fettuccine "Rustico" *Rote Zwiebeln, Speck, Petersilie* 72
Fettuccine "Zucchine" *geröstete Zucchini, frische Tomaten, Petersilie und Zwiebeln* 28
Fettuccine "Zucchine" *geröstete Zucchini, frische Tomaten, Petersilie und Zwiebeln* 28
Fusillini "Manzo Trevisiano" *Rinderfilet, Radicchio Trevisiano, Saubohnen, Zwiebeln* 123
Fusillini "Salsa di Cipolle" *Tomaten, Balsamico-Zwiebeln, Thymian, Kapern* 54
Ganzetti Rigati "Colline" *Speck, Zwiebeln, Pfeffer, Kräuter* 60
Lasagnette "Salsa di Fagioli" *Tomaten, weiße Bohnen, Zwiebeln, Speck, Oregano* 53
Lasagnette "Timo e Granchio" *Tomaten, Zwiebeln, Thymian, Krebsfleisch* 149
Lumache Rigate "Radicchio e Orata" *Dorade, Radicchio, Zwiebeln* 152
Lumache Rigate "Uova Fritte e Pancetta" *Tomaten, Zwiebeln, Speck, Rosmarin, Spiegelei* 106
Penne Rigate "Amatriciana" *Tomaten, Zwiebeln, Speck, Petersilie* 66
Penne Rigate "Carbonara" *gerösteter Speck, Zwiebeln, Sahne, Parmesan, Frühlingszwiebeln* 112
Penne Rigate "Carciofi e Finocchio" *Artischocken, Fenchel, Zwiebeln, Rosmarin* 31
Penne Rigate "Funghi" *Tomaten, Zwiebeln, Pilze, Petersilie* 105
Spaghetti "Pomodoro e Caprino" *Tomaten, Zwiebeln, Kräuter, frischer Ziegenkäse* 97
Spaghetti "Pomodoro" *Tomaten, Knoblauch, Zwiebeln, Petersilie* 57
Spaghetti "Sugo agli Scampi" *Tomaten, Zwiebeln, Scampi, Knoblauch, Sellerie* 159